普通高等教育经管类专业"十三五"规划教材

修订版

Accounting Practice

基础会计实训

主编 罗程 江景

南京大学出版社

图书在版编目(CIP)数据

基础会计实训：修订版 / 罗程，江景主编. — 南京：南京大学出版社，2019.8(2020.10 重印)

普通高等职业教育经管类专业"十三五"规划教材

ISBN 978 - 7 - 305 - 22594 - 9

Ⅰ. ①基… Ⅱ. ①罗… ②江… Ⅲ. ①会计学－高等学校－教材 Ⅳ. ①F230

中国版本图书馆 CIP 数据核字(2019)第 160579 号

出版发行 南京大学出版社
社　　址　南京市汉口路 22 号　　　　邮　编　210093
出 版 人　金鑫荣

丛 书 名　普通高等职业教育经管类专业"十三五"规划教材
书　　名　基础会计实训(修订版)
主　　编　罗　程　江　景
责任编辑　唐甜甜　　　　　　　编辑热线　025 - 83594087

照　　排　南京南琳图文制作有限公司
印　　刷　南京鸿图印务有限公司
开　　本　787×1 092　1/16　印张 19.25　字数 518 千
版　　次　2019 年 8 月第 1 版　2020 年 10 月第 2 次印刷
ISBN 978 - 7 - 305 - 22594 - 9
定　　价　49.80 元

网址：http://www.njupco.com
官方微博：http://weibo.com/njupco
官方微信号：njupress
销售咨询热线：(025) 83594756

再版前言

从 2016 年至今,会计行业政策变化不断,税务新政频出,对企业会计的核算也提出了新的要求,作者根据新的企业会计核算的变化,对全书进行了修订。

本次修订除了继续保持原有的体例及特色外,充分吸收了当前高职教学改革的新成果。为此,重点在以下几方面进行了修订:

第一,进一步强化了任务导向及项目教学的结构设计,根据当前制造企业经营业态设计了三个教学项目,并根据每个项目内的工作过程设计教学任务,以培养学生的职业能力为主线,按照"教学做一体化"的理念组织教材内容。

第二,根据当前国家的财会政策和税收政策变化修订了相关教学案例及业务提示。依据财会[2016]22 号文《增值税会计处理规定》,调整了"税金及附加"科目核算内容。依据财政部、税务总局、海关总署公告 2019 年第 39 号《关于深化增值税改革有关政策的公告》,调整了增值税税率。

第三,进一步突出工作过程导向原则,适当充实了各项典型业务的工作流程,以期提高教学过程与工作过程的衔接度。

本教材第一版由南京城市职业学院和江苏第二师范学院部分老师共同编写。罗程、江景为主编。具体分工是:罗程,项目一、项目二任务一、项目二任务十七;梁美芳,项目二任务二;孙灵雁,项目二任务三;唐青玉,项目二任务四;赵永萍,项目二任务五;张淑静,项目二任务六;潘蓓,项目二任务七;吴娟,项目二任务八;丁亮,项目二任务九;丁素坚,项目二任务十;吴云云,项目二任务十一;陈国玲,项目二任务十二;郑倩,项目二任务十三;罗楠,项目二任务十四;吴云云,项目二任务十五;朱秀萍,项目二任务十六。项目三综合实训编写人员是:罗程、江景、马丹洁、付奎亮、葛静、韦钢。统稿和审核工作由罗程、江景、马丹洁负责。

多媒体课件制作人员是:罗程、江景、付奎亮、潘蓓、郑倩、张淑静、罗楠。

本教材修订由南京城市职业学院和江苏第二师范学院部分老师共同完成。罗程主持修订,具体修订分工是:项目一实训准备由罗程修订;项目二单项实训由罗程、毛志建和罗楠共同修订;项目三综合实训由罗程、潘蓓和罗楠共同修订。

作为一种新的教学改革探索,加上时间仓促,水平有限,疏漏之处难免,期待业界各位专家、读者及实际工作者不吝赐教。

编 者
2019 年 7 月

目　录

实训指导说明

一、教材

(一) 内容提要

全书共分三个项目,包括:项目一实训准备、项目二单项实训、项目三综合实训。单项实训是一套资料,综合实训是两套资料,共有三套资料可供选择,且三套资料各自独立、完整,均选用实际单位一定时期典型的会计交易或事项。

三个项目基本内容如下:

✖ 项目一实训概要。包括实训须知、实训准备及评定。

✖ 项目二单项实训。单项实训有 24 笔业务,分 17 项任务进行。

任务一至任务十六将会计核算的 7 个方法细分为 16 项任务,逐一示范操作。

任务十七是与前 16 项任务配套的 16 个活动,由学员参照这 16 项任务内容和实训提示示范式样依次完成。

✖ 项目三综合实训。综合实训有 40 笔业务,为了节省时间,对综合实训业务又做了精简,选出 17 笔业务,以"＊"号标出,形成一套综合实训精简业务。

项目三综合实训分综合实训准备和综合实训活动。综合实训活动是在掌握单项实训操作的基础上,对更多的日常业务进行系统账务处理,是对会计核算方法的巩固和深化。综合实训业务(带"＊"精简业务)的会计分录、账户和报表的参考答案在教材最后列示。

(二) 排版方式

为符合实际会计工作凭证和报表的样式要求,对需要裁剪的凭证和报表均采用单页印刷形式。

✖ 对项目二单项实训任务十七,一面印刷需要裁剪的凭证或报表,另一面印刷对裁剪无要求的业务指导。

✖ 对项目三综合实训任务二综合实训活动,正面印刷需要裁剪的单据,反面空白。

二、资源

(一) PPT 课件

本书有配套的 PPT 资源,具体是项目一实训准备课件、项目二单项实训课件、项目三综合实训课件以及精简综合实训课件。所有课件均按凭证、账簿、报表的账务处理全过程分步骤详细展示,与教材匹配性非常强,方便教和学参考。

✈ 项目二单项实训课件按 16 项任务分别制作,因为任务十七是 16 项任务要处理的实训凭证和报表,已分别在 16 项任务课件中做了业务处理的详细介绍,所以单项实训课件共有 16 项任务。

✈ 项目三综合实训课件、精简综合实训课件各按 4 次综合实训活动分别制作。

(二) 习题答案

在项目二单项实训的任务一至任务十六中,针对各实训任务内容,提供了选择题和讨论题两类实训思考题,有关参考答案可扫码查看,二维码位置与正文中"实训思考"一一对应。

Part One

项目一
实训概要

任务一
实 训 须 知

一、实训意义

　　基础会计实训,是高职院校财经类专业学生职业能力培养的一个技能训练环节,它既是基础会计理论教学的必要补充,又是后续专业课程理论教学及实训的基础。

　　作为会计职业能力培养的一项技能实训,本书整合了某工业企业(一般纳税人)一定时期的典型的会计交易或事项,参照财政部制定的《会计基础工作规范》,按照会计核算程序,从建账开始,经过填审会计凭证、登记会计账簿,最后编制会计报表,完成一个会计循环。通过实训:① 完整地掌握会计六要素之间的关系,加深对会计循环的理解;② 掌握会计操作的基本技能,锻炼实际工作能力;③ 培养良好的工作作风和职业素养。

二、实训内容

　　基础会计实训的内容包括单项实训和综合实训两部分,均采用会计凭证、账簿和报表等实物教学,具有形象直观的特征。主要介绍常用的会计凭证、账簿、报表的式样和使用方法,讲述常见的会计业务的具体操作流程和账务处理方法。单项实训将会计核算七个方法划分为十六个活动,参照十六项任务内容和示范式样顺序完成。通过单项实训,掌握每种会计核算方法的实际运用,培养学生的实际动手能力;通过实训思考题的训练和讨论,系统掌握会计核算方法。综合实训是在完成单项实训的基础上,增加更多的日常业务的账务处理,旨在提高学生的会计工作能力和独立思考能力。

(一) 实训程序

　　实训可分别按照以下两种方式进行,其基本程序见图 1-1 和图 1-2:

```
┌─────────────┐        ┌──────────────────────┐
│  填审原始凭证  │ ───▶  │ 在业务发生时,取得或填制  │
└─────────────┘        └──────────────────────┘
       │
       ▼
┌─────────────┐        ┌──────────────────────┐
│  填审记账凭证  │ ───▶  │ 运用会计语言表达业务内容  │
└─────────────┘        └──────────────────────┘
       │
       ▼
┌─────────────┐        ┌──────────────────────┐
│  设置和登记账簿 │ ───▶  │ 总账(依据记账凭证登记)   │
└─────────────┘        │ 现金日记账             │
       │               │ 银行存款日记账          │
       │               │ 明细账                │
       ▼               └──────────────────────┘
┌─────────────┐        ┌──────────────────────┐
│   账项调整    │ ───▶  │ 按权责发生制处理期末账务  │
└─────────────┘        └──────────────────────┘
       │
       ▼
┌─────────────┐        ┌──────────────────────┐
│   试算平衡    │ ───▶  │ 对账,结账             │
└─────────────┘        └──────────────────────┘
       │
       ▼
┌─────────────┐        ┌──────────────────────┐
│  编制会计报表  │ ───▶  │ 资产负债表             │
└─────────────┘        │ 利润表                │
                       │ 现金流量表             │
                       └──────────────────────┘
```

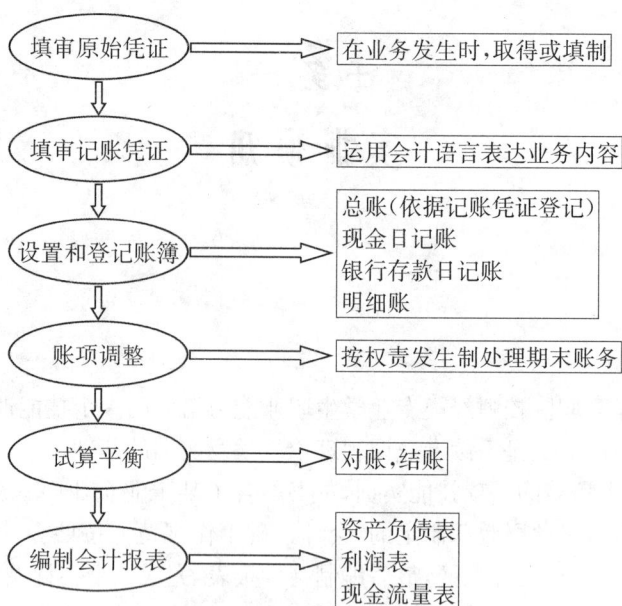

图 1 - 1　记账凭证账务处理程序

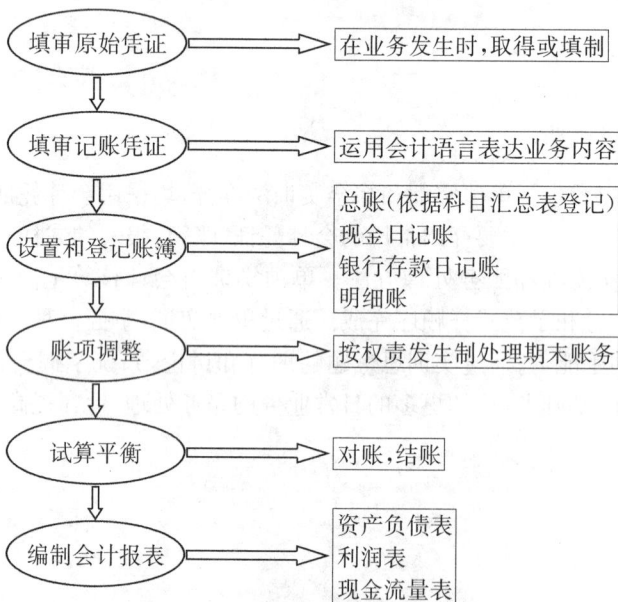

```
┌─────────────┐        ┌──────────────────────┐
│  填审原始凭证  │ ───▶  │ 在业务发生时,取得或填制  │
└─────────────┘        └──────────────────────┘
       │
       ▼
┌─────────────┐        ┌──────────────────────┐
│  填审记账凭证  │ ───▶  │ 运用会计语言表达业务内容  │
└─────────────┘        └──────────────────────┘
       │
       ▼
┌─────────────┐        ┌──────────────────────┐
│  设置和登记账簿 │ ───▶  │ 总账(依据科目汇总表登记)  │
└─────────────┘        │ 现金日记账             │
       │               │ 银行存款日记账          │
       │               │ 明细账                │
       ▼               └──────────────────────┘
┌─────────────┐        ┌──────────────────────┐
│   账项调整    │ ───▶  │ 按权责发生制处理期末账务  │
└─────────────┘        └──────────────────────┘
       │
       ▼
┌─────────────┐        ┌──────────────────────┐
│   试算平衡    │ ───▶  │ 对账,结账             │
└─────────────┘        └──────────────────────┘
       │
       ▼
┌─────────────┐        ┌──────────────────────┐
│  编制会计报表  │ ───▶  │ 资产负债表             │
└─────────────┘        │ 利润表                │
                       │ 现金流量表             │
                       └──────────────────────┘
```

图 1 - 2　科目汇总表账务处理程序

(二) 教学与实际会计工作差异对比

为了方便学习,现将有关会计核算方法的教学与实际工作情况作一比较,见表 1 - 1:

表1-1 教学与实际差异对比表

会计核算方法	教学形式	实际形式
设置会计科目和账户	1. 根据文字叙述业务确定会计科目。 2. 根据文字或期初(末)余额表开设账户。采用T形账户形式。	1. 按照原始凭证确定会计科目。 2. 按照会计账簿期初(末)余额开设账户。采用账页形式。
复式记账	核心方法。运用在编制会计分录和登记T形账户中。	核心方法。运用在填审会计凭证和登记会计账簿中。
填制和审核会计凭证	1. 用文字提供发生的经济业务资料,不审核。 2. 用会计分录描述经济业务,只审核借贷方向、会计科目和金额。	1. 用原始凭证表明经济业务的发生,须按要求审核。 2. 用记账凭证描述经济业务,须按要求审核。
登记会计账簿	1. 登记总账:在总账各T形账户中登记业务号及金额。 2. 登记明细账(日记账):在明细账各T形账户中登记业务号及金额。	1. 登记总账:在总账各账页中按项目登记。 2. 登记明细账(日记账):在明细账各账页中按项目登记。
成本计算	核算材料采购成本、产品生产成本、产品销售成本等。以文字形式介绍业务,按照一定方法核算后编制会计分录并据以登记相关T形账户。	核算材料采购成本、产品生产成本、产品销售成本等。根据明细账有关账户的记录结果,经过核算,填制记账凭证并据以登记相关账户。
财产清查	用文字介绍财产清查的结果,据以编制会计分录。	用原始凭证表明财产清查的结果,据以填审记账凭证。
编制会计报表	根据文字或表格编制报表或计算报表项目数字。	根据总账和明细账登记的结果编制报表。

三、实训目的

通过实训使学生系统地掌握企业会计核算的全过程,即从设置账簿、填制和审核原始凭证、记账凭证、登记账簿到编制会计报表;从日常业务到期末成本、税金、利润等业务的核算,逐步加深对所学理论和方法的理解,提高对会计专业的认识和兴趣,增强会计基本操作技能,同时培养学生认真、负责、耐心、细致、团结互助的工作作风和实事求是的良好品德。

四、实训要求

1. 单项实训在课堂内按照规定课时分次完成。综合实训在教师指导下部分内容课后完成。如课时有限,综合实训可以只做标有"＊"号的业务。
2. 记账凭证、账簿、报表须按规范操作,保证质量。独立、按时、认真完成。
3. 实训结束后须按单项实训和综合实训各交一份完整的实训资料。具体明细如下:
① 记账凭证一册
② 总分类账、日记账、明细分类账分别装订为四册

③ 会计报表三张

④ 银行存款余额调节表、银行对账单各一张

⑤ 实训工作日志、个人实训报告一份

⑥ 专用凭证若干张

⑦ 科目汇总表工作底稿、抵扣联、试算平衡表若干张

任务二
实 训 准 备 和 评 定

一、实训组织准备

(一) 实训组织

实训可按个人或按会计岗位分组形式完成,实训者可根据不同情况灵活选用:

1. 单人实训,即每一个参加实训的人员均要独立完成实训的全过程,在实训过程中一个人需要担任不同岗位工作,不断转换工作岗位。

2. 分组实训,即每两人组成一组,组员共同讨论,各有分工,共同完成实训。

3. 分组分岗位实训,即四人左右组成一组,小组每一成员均有固定岗位(如出纳岗位、总账岗位、成本岗位、涉税岗位等),在分工、牵制的基础上共同完成会计实训。具体分工见表 1-2:

表 1-2 手工账分工一览表

岗位	工作内容
出纳	① 按审核后的库存现金收付凭证办理库存现金收付业务,编制凭证并序时逐笔登记库存现金日记账,做到日清月结。 ② 根据银行存款收付凭证,编制记账凭证并登记银行日记账,单位银行存款余额及时与银行对账单核对,月末作出银行余额调节表。 ③ 负责日记账与总账核对。
成本会计	① 负责财产物资的核算,包括固定资产和存货等相关会计凭证的填制和明细核算。 ② 负责费用和成本的核算,按照有关费用、成本项目登记费用、成本明细账,并保证费用、成本的正确归集、分摊,核算产品成本,编制相关的成本计算单,包括费用和成本等相关会计凭证的填制和明细核算。 ③ 负责借款、往来款项的核算,包括相关会计凭证的填制和明细核算。 ④ 负责明细账与总账核对。
涉税会计	① 负责企业收入和涉税事项的核算,包括税金的计算,税务报表的填写,填制记账凭证,税金科目的登记及缴税工作。 ② 负责利润和利润分配的核算,包括相关会计凭证的填制和明细核算。 ③ 负责明细账与总账核对。
总账会计 (主管)	① 负责审核会计凭证、会计账簿、财务报表及其他会计资料的内容是否真实、完整,计算是否正确、手续是否齐全,是否符合有关法律、法规、规章制度的规定。 ② 按规定的会计科目设置总账账户,登记总账,试算平衡,编制会计报表,并负责会计资料的整理、装订和集中管理。

（二）参考学时

见表 1-3：

表 1-3 参考学时

工作步骤	实训内容	参考学时（学时）	
		单项实训	综合实训
1	设置总账、日记账和明细账	4	
2	填审原始凭证、日常业务填审会计凭证	6	4
3	登记日记账、明细账	4	
4	期末业务填审会计凭证	4	
5	登记明细账	2	4
6	登记总账	2	
7	结账对账	4	
8	银行对账	1	4
9	编制资产负债表	2	
10	编制利润表	1	4
11	编制现金流量表	1	
12	装订凭证、账簿、报表	1	
合　计		32	16

（三）实训形式统计

见表 1-4：

表 1-4 实训形式统计表

班级	单项实训		综合实训		综合实训＊精简业务	
	小组	个人	小组	个人	小组	个人

二、实训用品准备

见表1-5：

表1-5 基础会计实训课程用品购买明细表

单项实训、综合实训(＊精简业务)

班级： 小组数： 组 学生数： 人

项目	序号	用品名称	单项实训		综合实训(＊精简业务)		
			＊精简业务	1套用量(张)	购买量	1套用量(张)	购买量
凭证	1	通用记账凭证	40		50		30
	2	专用收款凭证	7		4(选作数量)		2(选作)
	3	专用付款凭证	10		4(选作数量)		2(选作)
	4	专用转账凭证	22		4(选作数量)		2(选作)
	5	凭证封面、封底、包角	1		1		1
账本	6	银行存款日记账(100页)	1	每班买1本,按组或人分1张	(1)	不另买,分1张	1张
	7	现金日记账(100页)	1	每班买1本,分1张	(1)	不另买,分1张	1张
账页	8	借贷余三栏式	25		36		20
	9	收发存三栏式(数量金额式)	4		4		3
	10	多栏式(7栏或以上)	8		8		6
	11	账页封面、封底	4		4		4
表	12	科目汇总表	2		2		2
	13	报表封面、封底	1		1		1
账页目录	14、15	双格口取纸(票贴)	蓝色20个红色15个		蓝色30个红色25个		蓝色15个红色10个
资料袋	16	资料袋	1个		1个		1个
装订线	17	装订用白线团	1团	每班按小组买,每组分1团	(1)	每组1团	每组1团
回形针	18	回形针	1盒	每班按小组买,每组1盒	(1)	不另买,与小组共用	每组1盒
胶棒	19	胶棒(小)		不另买,与个人共用	1个	每班按个人买,每组共用	每组1个

注:表中()内数字代表购买数已包含,不用另买。

三、撰写实训工作日志和实训报告

实训工作日志是对每次实训情况的记录和小结,旨在巩固实训内容,及时发现问题并解决问题。实训工作日志共 10 篇,根据单项实训和综合实训选择重点内容记录。

实训报告是对实训过程及结果的一种总结,分为单项实训报告和综合实训报告。通过编写实训报告,把实训过程中的感悟予以归纳。具体地说,一般应包括以下内容:(1)实训内容。(2)实训重点。(3)实训难点。(4)实训中遇到的问题? 是否解决? 如何解决?(5)实训体会。(6)实训意见或建议。

四、成绩评定

(一) 考核、评定原则

学生的实训完成情况结合指导教师平时记录及测试情况进行综合评定。

(二) 实训评分标准

总分 100 分(保留整数)。实训评分标准见表 1-6:

表 1-6   实训评分标准

项目分值	准确性(分)	规范性(分)	整洁性(分)	独立性(分)	及时性(分)	协作交流(分)	实训手册(分)
会计凭证	科目名称(16)数字准确(8)	项目齐全,更正方法正确、书写规范(4)	无刮、擦涂、画、粘、撕(4)	独立完成(4)	及时完成(4)	工作协调、交流充分(4)	记录完整、内容丰富(4)
会计账簿	账户设置数字准确(8)	项目齐全,更正方法正确、书写规范(4)	无刮、擦涂、画、粘、撕(4)	独立完成(4)	及时完成(4)	工作协调、交流充分(4)	记录完整、内容丰富(4)
会计报表	方法正确计算正确(8)	项目齐全,更正方法正确、书写规范(2)	无刮、擦涂、画、粘、撕(2)	独立完成(2)	及时完成(2)	工作协调、交流充分(2)	记录完整、内容丰富(2)
合计	40	10	10	10	10	10	10

分数等级:优秀—90~100 分;良好—80~89 分;合格—60~79 分;不合格—60 分以下。

(三) 测试

实训结束,指导教师应根据实训结果采用口试(或笔试)的方法,对学生进行现场测试,以检验学生对实训的理解及实训的真实性,发现抄袭情况,应责令其重做,或酌情扣分。

Part Two

项目二
单项实训

任务一
填审原始凭证

✈ 实训目的

通过填审原始凭证,要求了解原始凭证的作用和种类,掌握原始凭证的基本内容、填制程序,加深对原始凭证有效性的认识,并做到规范地填制和审核。

✈ 实训时间

1课时。

✈ 实训任务

1. 设置会计主体。
2. 解会计信息的来源。
3. 填制或取得原始凭证、收集会计信息。
4. 审核原始凭证。

✈ 实训步骤

一、熟悉经济业务

在填制原始凭证之前,熟悉会计主体,了解每笔经济业务的性质、发生的条件和原因、制度规定等情况,判断所选用凭证的种类、格式,明确填制要求。

二、填制原始凭证

在理解经济业务的基础上,按照有关业务要求,填制经济业务所涉及的有关原始凭证。

三、审核原始凭证

对填制完毕的原始凭证,要逐笔审核业务手续是否健全,填制是否符合规定要求。

✈ 实训资料

一、会计书写

(一) 小写数字书写

1. 阿拉伯数字书写字体标准

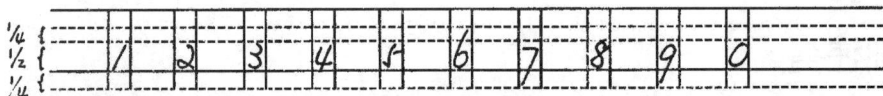

2. 书写顺序

从高位到低位,即从左到右。

3. 书写要求

① 写在横格底线上,高度 1/2,上方留出空白便于写错更正;

② 数字上端向右倾斜 60 度;

③ "6"上端伸出、"7"和"9"下端下拉 1/4。

4. 阿拉伯数字书写练习

1234567890 1234567890 1234567890 1234567890

5. 按位数书写阿拉伯数字练习

十	亿	千	百	十	万	千	百	十	元	角	分	十	亿	千	百	十	万	千	百	十	元	角	分	十	亿	千	百	十	万	千	百	十	元	角	分	十	亿	千	百	十	万	千	百	十	元	角	分

（二）大写及大小写数字转换书写练习

壹	贰	叁	肆	伍	陆	柒	捌	玖	零	拾	佰	仟	万	亿

￥5 010.00	人民币（大写）：伍仟零壹拾元整
￥7 460.10	人民币（大写）：
￥123 000.00	人民币（大写）：
￥850 600.27	人民币（大写）：
￥130 006.00	人民币（大写）：
￥10.00	人民币（大写）：
￥709 001.00	人民币（大写）：
￥1 268.99	人民币（大写）：
￥100 050.49	人民币（大写）：
￥1 307.00	人民币（大写）：⊗拾⊗万壹仟叁佰零拾柒元零角零分
￥10 050.94	人民币（大写）： 拾 万 仟 佰 拾 元 角 分
￥1 111.00	人民币（大写）： 拾 万 仟 佰 拾 元 角 分
￥2 503.08	人民币（大写）： 拾 万 仟 佰 拾 元 角 分
￥17.26	人民币（大写）： 拾 万 仟 佰 拾 元 角 分
￥40 007.00	人民币（大写）： 拾 万 仟 佰 拾 元 角 分
￥4 567.10	人民币（大写）： 拾 万 仟 佰 拾 元 角 分
￥10.00	人民币（大写）： 拾 万 仟 佰 拾 元 角 分
￥101 010.00	人民币（大写）： 拾 万 仟 佰 拾 元 角 分

人民币伍仟柒佰贰拾元壹角整	￥5 720.10
人民币捌万零玖佰陆拾元零壹角整	￥
人民币肆拾万零贰佰零伍元陆角整	￥
人民币陆拾万零伍佰零柒元零柒分	￥
人民币叁万贰仟零贰拾元整	￥
人民币叁仟万元整	￥
人民币壹仟柒佰元叁角整	￥
人民币壹拾叁万元零肆分	￥
人民币陆万零捌佰玖拾贰元整	￥
人民币壹佰陆拾万元整	￥

二、实训业务

见任务十七   单项实训活动之实训活动一。

✈ 实训思考

实训思考

参考答案 1

一、选择题

1. 下列关于人民币 30 010.06 的大写写法的表述中,正确的是(   )。
   A. 人民币叁万零拾元陆分整　　　B. 人民币叁万零壹拾元零陆分整
   C. 人民币叁万零壹拾元零陆分　　　D. 人民币三万零十元六分
2. 下列关于阿拉伯数字书写基本要求的说法中,错误的是(   )。
   A. 阿拉伯数字应当一个一个地写,不得连笔写
   B. 审核原始凭证时,发现阿拉伯金额数字书写错误,不得更改,只能由原始凭证开出单位重开
   C. 阿拉伯金额数字书写到分位为止,如果金额有角无分,则应在分位上补写"—"
   D. 凡阿拉伯数字前写有币种符号的,数字后面不再写货币单位。如:人民币 136.5
3. 原始凭证有错误的,正确的处理方法是(   )。
   A. 向单位负责人报告　　　　　　B. 退回,不予接受
   C. 由出具单位重开或更正　　　　D. 本单位代为更正
4. 企业购进原材料一批,取得增值税专用发票和运费发票,货款及运费未付,材料验收入库。以下与这笔经济业务无关的原始凭证是(   )。
   A. 收料单　　　　　　　　　　　B. 增值税专用发票
   C. 运费发票　　　　　　　　　　D. 支票存根
5. 下列原始凭证上的数字正确的是(   )。
   A. ¥3 509.80 汉字大写金额为人民币叁仟伍佰零玖元捌角
   B. ¥1 005.14 汉字大写金额为人民币壹仟零零伍元壹角肆分
   C. ¥4 580.52 汉字大写金额为人民币肆仟伍佰捌拾元零伍角贰分
   D. ¥3 580.72 汉字大写金额为人民币叁仟伍佰捌拾元柒角贰分

二、讨论题

1. 填制原始凭证需要注意什么?
2. 请将本实训中填写好的原始凭证裁下,按业务说出凭证式会计分录。要求:根据原始凭证的名称和联次说出有关账户名称。
3. 报销时应如何审核发票?
4. 会计人员要会填制哪些原始凭证?

✈ 实训提示

一、填制增值税专用发票

发票上的各项目均不能空白。

二、审核增值税发票

销货方应注意发票主要项目要填写完整,特别是购货方和销货方名称、纳税人识别号、地址、电话、开户行及账号不能漏填或错填;税额和价税合计栏计算要正确;金额栏大小写要一致。购货方则应在上述要求基础上,审核发票是否为税务局统一格式;发票联和抵扣联上销货方的财务印鉴是否清晰可辨。

三、审核材料出库单、入库单

应注意审核主要项目是否填列完整正确,如货物名称、规格、计量单位、数量、价格等。还要注意是否有仓库负责人、经手的保管员和提货单位人员签字。

四、审核费用报销单

1. 单位外部获得

审核时首先应注意其真实性和合法性,即发票、收据是否为税务部门或财政部门统一印制(带税务局监制印章或财政局监制印章);其次要审核发票或收据"购货单位"栏、"金额大小写"是否正确,"本单位"栏是否有经手人和审批人的签字;最后要特别注意的是收据或发票所有项目均不得涂改。

2. 单位内部生成

审核时应注意其相关项目是否填列完整,本单位具有财务审批权的领导是否签字,经手人是否签字。

五、原始凭证遗失的处理

从外单位取得的原始凭证如有遗失,应当取得原开出单位盖有公章的证明,并注明原来凭证的号码、金额和内容等,由经办单位会计机构负责人、会计主管人员和单位领导人批准后,才能代作原始凭证。如果确实无法取得证明的,如火车、轮船、飞机票等凭证,由当事人写出详细情况,由经办单位会计机构负责人、会计主管人员和单位领导人批准后,代作原始凭证。

六、示范填制部分原始凭证

实训时,原始凭证的日期20××按照所在年前一年年份填写。

广和市永新公司差旅费结算单

02

20××年12月1日

出差事由	业务培训	出差地点				上海					
出差人员	李林	预计天数				叁天					
借款金额	人民币(大写)伍佰元整					千	百	十	元	角	分
							¥5	0	0	0	0

结算记录	日期	报销总额	交回余额	补领不足	原借款人盖章	财务结算公章
	12月1日	442	58		李林	现金收讫
	交回 补领 金额	人民币(大写) 伍拾捌元整			12.1	经办人签章 出纳

中国工商银行信汇凭证(回 单)

委托日期 20××年12月2日　　No. 09857474　　05

汇款人	全 称	广和市永新公司		收款人	全 称	友华机械制造有限公司										第一联汇出行给汇款人的回单
	账 号 或住址	123-123			账 号 或住址	022-4456751566										
	汇出 地点	××省 广和市	汇出行 名 称	工行新外支行		汇入 地点	××省 明州市	汇入行 名 称	明支行							
金额	人民币: (大写)陆万柒仟捌佰元整					千	百	十	万	千	百	十	元	角	分	
									¥6	7	8	0	0	0	0	
汇款用途:购材料				汇出行盖章											
所列款项已根据委托办理,如需查询,请持此回单来面洽															
单位主管　　会计　　复核　　记账									年　月　日						

工资支付专用凭证

10

签发日期 20××年12月10日　　　No.00224882

收款单位											
名　称：广和市永新公司				开户银行：工行新外支行							

金　额 人民币（大写）	壹万玖仟零壹拾伍元贰角整	十	万	千	百	十	元	角	分
		¥	1	9	0	1	5	2	0

转账原因	发12月工资	银行盖章

（广和市工商银行·新外支行· ××.12.10· 转讫· (1)）

会计：　　　复核：主管　　　记账：成本会计　　　制票：出纳

×××001032130　　**××省增值税专用发票**　　NO 09242535　13

记 账 联

开票日期 20××年12月22日

购货单位	名　称	江东泰安立新公司	密码区	>-186++98-9*0++*111	第三联 记账联 销货方记账凭证
	纳税人识别号	×××000546892445		77-//653>*/>2>/2365　加密版本:01	
	地址、电话	江东长青路230号 6383696		33*-75+>->-222-5467　×××1032130	
	开户行及账号	工行长青办022-245662133		-0210/348*>>1569-9>/　09242535	

货物或应税劳务名称	规格型号	单位	数量	单价	金 额	税率	税 额
A		件	100	900	90 000.00	13%	11 700.00

价税合计（大写）	⊗壹拾万壹仟柒佰元整	（小写）¥ 101 700.00

销货单位	名　称	广和市永新公司	备注
	纳税人识别号	×××00123456789	
	地址、电话	广和星光路688号 6660999	
	开户行及账号	新外支行123-123	

收款：　　复核人：主管　　开票人：涉税会计　　销货单位：（章）

15

中国工商银行（×）
现金支票存根

支票号码　ⅥⅡ000118

附加信息 _____

_____

出票日期　20××年 12 月31日

收款人：本公司
金　额：¥200.00
用　途：备用金
单位主管　主管　会计　出纳

16

中国工商银行（×）
转账支票存根

支票号码　ⅥⅡ00011222

附加信息 _____

_____

出票日期　20××年 12 月31日

收款人：利民公司
金　额：¥30000.00
用　途：偿还前欠货款
单位主管　主管　会计　出纳

银行进账单

（收款通知）2（附联）　20ＸＸ-12-31　　　　　　**17**

收款人	全　称	广和市永新公司											
	账　号	123-123											
	开户银行	工行新外支行											
人民币合计			千	百	十	万	千	百	十	元	角	分	
					￥	5	0	0	0	0	0	0	

序号	付款人名称或账号	金额
1	江东泰安立新公司	50000

收款人开户银行盖章

附联为收款人开户银行交给收款人的收账通知

（正联）

广和市永新公司固定资产折旧计算表　　　　　　18

部门：本公司　　　　　　20ＸＸ年 12 月 31 日

固定资产	原　值	年折旧率	月折旧额	备　注
房　屋	55 579.00	4.75%	220.00	
合　计	55 579.00		220.00	

审核：主管　　　　　　制表：成本会计

✈ 实训总结

个人撰写实训工作日志。（样表附后）

内容：实训日期、实训岗位、工作内容、工作小结（掌握内容、问题及建议）。

任 务 二
填 审 银 行 票 证

✈ 实训目的

通过填审银行票证,要求了解银行存款结算的程序,了解七种银行支付结算方式的规定和具体操作,掌握银行存款日常业务的会计分录、结算凭证的名称和基本内容,并能够规范填制和审核。

✈ 实训时间

2课时。

✈ 实训任务

一、银行转账结算业务基本处理与核算

银行存款是指企业存放于银行或其他金融机构的货币资金。企业应当根据业务需要,按照规定在其所在地银行开设账户,运用所开设的账户进行存款、取款以及各种收支转账业务的结算。按照中国人民银行颁布的《支付结算办法》的规定,企业可使用的支付结算方式包括支票、银行本票、银行汇票、商业汇票、汇兑、委托收款、托收承付和信用卡八种。其中,信用卡(企业卡)是指商业银行向企业发行的,凭以向特约单位购物、消费且具有消费信用的特制凭证。与其他支付结算方式相比,信用卡的使用范围受到一定的限制,因此在这里我们不介绍信用卡这种结算方式,只着重介绍企业常用的七种支付结算方式。

在七种支付结算方式中,属于同城结算方式的有:支票(现金支票、转账支票)、银行本票;属于异地结算方式的有:银行汇票、汇兑(信汇、电汇)、托收承付;同城和异地都可以使用的有:商业汇票(商业承兑汇票、银行承兑汇票)、委托收款。

在上述支付结算方式中,银行汇票、商业汇票、支票和银行本票统称为票据,汇兑、托收承付和委托收款统称为结算凭证。票据的签发日期必须遵循以下规定:

票据的出票日期必须使用中文大写;为防止变造票据的出票日期,在填写月、日时,月为壹、贰和壹拾的,日为壹至玖和壹拾、贰拾、叁拾的,应在其前加"零";月为拾壹月、拾贰月的,日为拾壹至拾玖的,应在其前加"壹"。如1月15日,应写成零壹月壹拾伍日;再如10月20日,应写成零壹拾月零贰拾日;票据出票日期使用小写的,银行不予受理。大写日期未按要求规范填写的,银行可予受理,但由此造成损失的,由出票人自行承担。

现以江山市永新公司为会计主体进行具体的账务处理。该公司为一般纳税人,开户银行是江山市工商银行新外支行,银行账号 123♯♯♯。单位法定代表人:吴亦凡,财务负责人:朱华,总账会计:金丽,出纳会计:徐宁。

(一) 支票

支票是出票人签发的,委托办理支票存款业务的银行在见票时无条件支付确定的金额给收款人或者持票人的票据。

在同城或同一票据交换区域(简称同城)因购买商品、接受劳务或其他款项的结算,均可使用支票。

支票分为现金支票和转账支票两种。支票上印有"现金"字样的为现金支票(见表2-1),现金支票只能用于支取现金。支票上印有"转账"字样的为转账支票(见表2-3),转账支票只能用于转账。

1. 单据式样

(1) 现金支票。一联单见表2-1列示。

表 2 - 1

现金支票背面。见表2-2列示。

表 2 - 2　现金支票背面签章

（2）转账支票。一联单见表2-3列示。

表2-3

XX银行转账支票存根 支票号码 XX000034 附加信息_____ 出票日期：XX年10月14日 收款人：江山市华联百货公司 金额：¥1200.00 用途：购打印纸 单位主管 朱华 会计 徐宁	本支票付款期限十天	工商银行 **转账支票** (苏)XX000034

工商银行 **转账支票** (苏)XX000034

出票日期（大写）贰零某某年零壹拾月壹拾肆日　付款行名称：工行新外支行

收款人：江山市华联百货公司　　出票账号：123###

人民币（大写）	壹仟贰佰元整	千	百	十	万	千	百	十	元	角	分
					¥	1	2	0	0	0	0

用途：购打印纸　　　　　　　　　科目（借）

上列款项请从　　　　　　　　　对方科目（贷）

我账户内支付　　　　　　　　　转账日期　　年　月　日

出票人签章　　　　　　　　　复核　　　　记账

（使用清分机的，此区域供打印磁性字码）

转账支票背面。见表2-4列示。（本单位开出转账支票背面不盖章。本单位收到转账支票在背面盖印鉴章。）

表2-4

被背书人	被背书人	被背书人	贴粘单处
背书人签章 年 月 日	背书人签章 年 月 日	背书人签章 年 月 日	

2. 要求和程序

（1）支票一律记名，同城转账支票可背书转让。支票起点金额一般为100元。提示付款期限自出票日起10日。

（2）签发支票必须使用碳素墨水或墨汁填写。见《票据法》第四章第八十四条，支票必须记载下列事项：（一）表明"支票"字样；（二）无条件支付的委托；（三）确定的金额；（四）付款人名称；（五）出票日期；（六）出票人签章。支票上未记载前款规定事项之一的，支票无效。支票上的金额、收款人名称可由出票人授权补记。

（3）程序

现金支票：① 出票人（收款人）签发现金支票；② 出票人（收款人）将现金支票正联交本单位开户银行提示付款；③ 出票人（收款人）提取本行现金，依据存根联记账。

转账支票：① 出票人签发转账支票，依据存根联记账；② 收款人填进账单，同时将转账支票正联交出票人（或收款人）开户银行提示付款；③ 出票人开户银行划款；④ 收款人收到本行收账通知款项收妥记账。

3. 个例(只列示有关银行做账凭证,会计分录中"有关科目"以及加括号的会计科目及金额未列示相关凭证。下同)

(1) 江山市永新公司从银行提取现金6 000元。

① 填写现金支票见表2-1。

② 会计做账单据"现金支票存根"见表2-5。

表 2-5

中国工商银行(×)

现金支票存根00001234

附加信息＿＿＿＿＿＿＿＿＿＿＿＿

＿＿＿＿＿＿＿＿＿＿＿＿＿＿＿＿

出票日期××年 9 月 8 日

收款人:	本公司
金　额:	￥6000.00
用　途:	差旅费

单位主管 朱华　会计 徐宁

③ 会计分录。

借:库存现金　　　　　　　　　　　　　　　　　　6 000

　　贷:银行存款　　　　　　　　　　　　　　　　　　　　6 000

(2) 江山市永新公司购打印纸1 200元,开出转账支票付款。

① 填写转账支票见表2-3。

② 会计做账单据"转账支票存根"见表2-6。

表 2-6

中国工商银行(×)

转账支票存根000034

附加信息＿＿＿＿＿＿＿＿＿＿＿＿

＿＿＿＿＿＿＿＿＿＿＿＿＿＿＿＿

出票日期××年 10 月 14 日

收款人:	江山市华联百货公司
金　额:	￥1200.00
用　途:	购打印纸

单位主管 朱华　会计 徐宁

③ 会计分录。

借:有关科目　　　　　　　　　　　　　　　　　　1 200

　　贷:银行存款　　　　　　　　　　　　　　　　　　　　1 200

(二) 银行本票

银行本票是申请人将款项交存银行,以银行为出票人签发的,承诺自己在见票时无条件支付确定的金额给收款人或者持票人的票据。银行本票使用方便,见票即付,结算迅速,一般不存在得不到正常支付的问题,因而信誉度很高。

在同城或同一票据交换区域(简称同城)单位和个人因购买商品、接受劳务或其他款项的结算,均可使用银行本票。

银行本票按照其金额是否固定可分为不定额(起点金额为 5 000 元)和定额(面额为 1 000元,5 000 元,10 000 元和 50 000 元)两种。

1. 单据式样

银行本票。一联单,见表 2-7 列示。

表 2-7

2. 要求和程序

(1) 银行本票可以用于转账,填明"现金"字样的银行本票,也可以用于支取现金,现金银行本票的申请人和收款人均为个人;提示付款期限自出票日起最长不得超过两个月。

(2) 签发银行本票必须记载下列事项:标明"银行本票"的字样;无条件支付的承诺;确定的金额;收款人名称;出票日期;出票人签章。欠缺记载上列事项之一的,银行本票无效。

(3) 银行本票可以背书转让,填明"现金"字样的银行本票不能背书转让。

(4) 在银行开立存款账户的持票人向开户银行提示付款时,应在银行本票背面"持票人向银行提示付款签章"处签章,签章须与预留银行签章相同。未在银行开立存款账户的个人持票人,持注明"现金"字样的银行本票向出票银行支取现金时,应在银行本票背面签章,记载本人身份证件名称、号码及发证机关。

(5) 程序。① 申请人(汇款人)填写"银行本票申请书"向开户银行申请签发银行本票;申请人和收款人均为个人,需要支取现金的,应在"支付金额栏"先填写"现金"字样,后填写支付金额。② 出票银行审查受理,返回"银行本票申请书"回单给申请人(汇款人)记账,同时收妥款项签发银行本票。用于转账的,在银行本票上划去"现金"字样;申请人和收款人均为个人,需要支取现金的,在银行本票上划去"转账"字样。不定额银行本票用压数机压印出票金额。出票银行在银行本票上签章后交给申请人(汇款人);③ 申请人将银行本票交付给本票上记明的收款人;④ 收款人审核后应在银行本票背面"背书人签章"栏签章,同时填写"银行进账单",并将银行本票、进账单送交开户银行,银行审查无误后办理转账;⑤ 收款人收到开户银行"银行进账单"收账通知,款项收妥记账。

3. 个例

请注意(1)和(2)业务主体身份的区别。

(1) 江山市永新公司(付款单位)从广州齐众公司购货,申请银行本票15 300 元付货款。

① 填写银行本票申请书一式三联(银行记账凭证、代理签发行记账凭证、客户回单)见表2-8列示。

② 会计做账单据"银行本票申请书回单"见表2-8列示。

表 2-8

中国工商银行
银行汇(本)票申请书

币别: **人民币**　　　　　　　**20 X X** 年　**7** 月　**14** 日　　　流水号:

业务类型	□银行汇票　☑银行本票	付款方式	☑转账　　　　　□现金
申 请 人	江山市永新公司	收款人	广州市齐众公司
账　号	123###	账　号	87-135888
用　途	工商银行新外支行	代理付款行	农行广州分行

金额	(大写)壹万伍仟叁佰元整	亿 千 百 十 万 千 百 十 元 角 分
		¥ 1 5 3 0 0 0 0

第三联　客户回单

财务专用章　XX市XX有限公司　印XX　　客户签章

(中国工商银行商业市 新外支行 20 X 受理凭证转用章 收妥抵用)

会计主管　　　　　　授权　　　　复核　　　　录入

③ 会计分录(会计主体是江山市永新公司)。

借:其他货币资金——银行本票存款　　　　　　　　　15 300
　　贷:银行存款　　　　　　　　　　　　　　　　　　　　　15 300

(2) 广州齐众公司收到江山市永新公司(付款单位)用银行本票支付的购货款15 300 元。

① 填写银行进账单。

② 会计做账单据"银行进账单(收账通知)"见表2-9列示。

表 2-9

银行进账单

(收款通知) 2 (附联) **20 X X-10-20**

收款人	全　称	广州市齐众公司
	账　号	87-135888
	开户银行	农行广州分行

人民币 合计	千 百 十 万 千 百 十 元 角 分
	¥ 1 5 3 0 0 0 0

序号	付款人名称或账号	金额
1	江山市永新公司	15300

江山市工商银行
20 * * 10.20
转讫

收款人开户银行盖章

附联为收款人开户银行交给收款人的收账通知 (正联)

③ 会计分录(会计主体是广州市齐众公司)。

借:银行存款　　　　　　　　　　　　　　　　　　　　　　15 300
　　贷:有关科目　　　　　　　　　　　　　　　　　　　　　　15 300

(三)银行汇票

银行汇票是指汇款人将款项交存银行,由银行签发给汇款人持往异地办理转账结算或支取现金的票据。

银行汇票的特点是:出票人是银行,因而有着较高的信誉;适用性强,单位、个体经济户和个人向异地支付各种款项都可以使用;灵活方便,持票人既可以将汇票转让给销货单位,也可以通过银行办理分期支付或转汇;兑现性强,持票人可持填明"现金"字样的汇票到兑付银行取现,避免长途携带现金;凭票购货,余款自动退回,钱货两清,可以有效防止不合理的预付货款和交易尾欠的发生。

1. 单据式样

银行汇票。四联单,分别见表2-10、表2-11、表2-12、表2-13列示。

表2-10

表2-11

表 2-12

工商银行
银行汇票 （解讫通知） **3**　　　汇票号码

付款期限 壹个月									
出票日期	贰零某某年　肆月壹拾肆日							第　号	
（大写）									
收款人：	广州市齐众公司		代理付款行：农行广州分行		行号：038				
			帐号：87-135888						
出票金额	（大写） 人民币	壹万伍仟叁佰元整							
实际结算金额	人民币 （大写）	壹万肆仟陆佰玖拾元整				千 百 万 千 百 十 元 角 分 ¥ 1 4 6 9 0 0 0 0			
申请人：	江山市永新公司				帐号或住址：			123###	
出票行：	工行新外支行　行号：				科目（借）				
备　注：	购货款		多余金额		对方科目（贷）				
代理付款行盖章			千 百 十 万 千 百 十 元 角 分 ¥ 6 1 0 0 0		兑付日期　　年　月　日				
					复核　　　　记帐				
复核　　　经办									

（此联代理付款行兑付后随报单寄出）（行，由出票行作多余款贷方凭证）

表 2-13

工商银行
银行汇票 （多余款收账通知） **4**　　　汇票号码

付款期限 壹个月									
出票日期	贰零某某年　肆月壹拾肆日							第　号	
（大写）									
收款人：	广州市齐众公司		代理付款行：农行广州分行		行号：038				
			账号：87-135888						
出票金额	（大写） 人民币	壹万伍仟叁佰元整							
实际结算金额	人民币 （大写）	壹万肆仟陆佰玖拾元整				千 百 万 千 百 十 元 角 分 ¥ 1 4 6 9 0 0 0 0			
申请人：	江山市永新公司				账号 或住址：			123###	
出票行：	工行新外支行　行号：								
备　注：	购货款		多余金额		左列退回多余金额已收入你账户内。				
出票行盖章：			千 百 十 万 千 百 十 元 角 分 ¥ 6 1 0 0 0		财务主管　复核　经办				
年　月　日									

（此联出票行结清多余款后交申请人）

2. 要求和程序

（1）银行汇票一律记名，新的《支付结算办法》取消了银行汇票金额起点 500 元的限制。提示付款期限自出票日起 1 个月（不论大月、小月，统按次月对日计算，到期日遇节假日顺延）。对逾期的银行汇票，兑付银行不予受理。

（2）申请人使用银行汇票，应向出票银行填写"银行汇票申请书"，共三联，不许涂改。

（3）受理银行汇票时，收款人应认真审查收款人或被背书人是否确为本单位；汇票是否过期，日期、金额等项目填写是否有误；印章是否清晰，有无压数机压印的金额；银行汇票和汇款解讫通知是否齐全、相符；汇款人或被背书人证明或证件是否有误。审核无误后应在出票金额以内，根据实际需要的款项办理结算，并将实际结算金额和多余金额填入汇票和解讫通知的有关栏内。

（4）程序。① 申请人（汇款人）填写"银行汇票申请书"向开户银行申请签发银行汇票；② 开户银行审查受理，返回"银行汇票申请书"回单给申请人（汇款人）记账，同时签发银行汇票交申请人（汇款人）；③ 申请人（汇款人）向收款人交付银行汇票；④ 收款人审核后据实填写款项金额，同时填写"银行进账单"提示开户银行付款；⑤ 收款人收到开户银行"银行进账单"收账通知，款项收妥记账；⑥ 申请人（汇款人）收到银行"银行汇票多余款收账通知"结清汇票票款记账。

3. 个例

(1) 江山市永新公司(付款单位)申请银行汇票,金额 15 300 元,付货款。

① 填写银行汇票申请书见表 2－11 列示。

② 会计做账单据"银行汇票申请书存根"见表 2－14 列示。

表 2－14

中国工商银行汇票申请书（存 根）

1

申请日期 20 ×× 年 04 月 14 日　　　　　　　NO.00225546

申 请 人	江山市永新公司	收 款 人	广州市齐众公司										
账号或住址	123###	账号或住址	87-135888										
用 途	付购甲产品款	代理付款行	农行广州分行										
汇票金额	人民币: (大写) 壹万伍仟叁佰元整			千	百	十	万	千	百	十	元	角	分
						¥	1	5	3	0	0	0
备注	中国工商银行 新外支行 票据已取	付讫章	科 目(借)_____ 对方科目(贷)_____ 财务主管　　复核　　经办										

此联申请人留存

③ 会计分录。

借:其他货币资金——银行汇票存款 　　　　　　　　　　　15 300

　　贷:银行存款 　　　　　　　　　　　　　　　　　　　　15 300

(2) 江山市永新公司(付款单位)收到银行汇票多余款收账通知。

① 会计做账单据"银行汇票多余款收账通知"见表 2－13 列示(银行汇票第四联)。实际结算货款 14 690 元,退款 610 元。(增值税发票上注明货款 13 000 元,增值税额 1 690 元)。

② 会计分录。

借:银行存款 　　　　　　　　　　　　　　　　　　　　610

　　在途物资或原材料 　　　　　　　　　　　　　　　　13 000

　　应交税费—应交增值税(进项税额) 　　　　　　　　　1 690

　　贷:其他货币资金——银行汇票存款 　　　　　　　　　15 300

（四）汇兑

汇兑是汇款人委托银行将其款项支付给收款人的结算方式。单位和个人的各种款项的结算,均可使用汇兑结算方式。汇兑结算手续方便、划款迅速,不受金额起点的限制,适用范围较大。无论是否在银行开立账户,企业和个人的商品交易、劳务供应、资金调拨、支付差旅费等各种款项的结算,均可采用汇兑方式。

1. 单据式样

(1) 信汇。四联单见表 2－15 列示。

表 2-15
中国工商银行信汇凭证（回单）
1

委托日期 20××年 4 月 14 日　　　宁工字（04）No. 07735436

汇款人	全　称	江山市承新公司				收款人	全　称	广州市齐众公司			
	账号或住址	123####					账号或住址	87-135888			
	汇出地点	江苏省江山市(县)	汇出行名　称	工行新外支行			汇入地点	广东省广州市(县)	汇入行名　称	农行广州分行	

金额	人民币：（大写）壹万伍仟伍佰元整	千 百 十 万 千 百 十 元 角 分 ¥ 1 5 3 0 0 0 0

汇款用途：货款　　　　　　　　　　　　　　　汇出行盖章

上列款项已根据委托办理，如需查询，请持此回单来面洽

单位主管　　会计　　复核　　记账

第一联 汇出行给汇款人的回单

（2）电汇。四联单见表 2-16 列示。

表 2-16
中国工商银行电汇凭证（回单）
1

委托日期 20××年4月14日　　　宁工字（04）No. 07735436

汇款人	全　称	江山市承新公司				收款人	全　称	广州市齐众公司			
	账号或住址	123####。					账号或住址	87-135888			
	汇出地点	江苏省江山市(县)	汇出行名　称	工行新外支行			汇入地点	广东省广州市(县)	汇入行名　称	农行广州分行	

金额	人民币：（大写）壹万伍仟伍佰元整	千 百 十 万 千 百 十 元 角 分 ¥ 1 5 3 0 0 0 0

汇款用途：货款　　　　　　　　　　　　　　　汇出行盖章

上列款项已根据委托办理，如需查询，请持此回单来面洽

单位主管　　会计　　复核　　记账

第一联 汇出行给汇款人的回单

2. 要求和程序

（1）汇兑分信汇、电汇两种，由汇款人自主选择。信汇是银行将信汇凭证通过邮局寄给汇入银行。电汇是银行通过电报向汇入银行发出付款指令。

（2）付款人委托银行办理汇兑，应填写信汇或电汇凭证，不能有误，缺一都会被银行以账号、户名不符退回；同时在第二联加盖企业印鉴章，即财务专用章与法人代表章（信汇、电汇、托收承付同样）。欠缺记载的，银行不予受理。汇出银行受理汇款人签发的电汇凭证，经审核无误后，应向汇款人签发汇款回单，并及时向汇入银行办理汇款。汇款回单是银行受理汇款的依据，汇款人作为付款的证明。收款人只有收到汇入银行转来的收账通知，才能作为收到款项的证明。

（3）程序。① 汇款人填写"电汇凭证"提交开户银行；② 汇款人开户银行审核，受理电汇委托，返回"电汇凭证"回单给汇款人记账；③ 汇款人开户银行向收款人开户银行传递凭证划款；④ 收款人开户银行收到汇款，打印"银行支付系统专用凭证（收账通知）"，通知收款人收妥记账。

3. 个例

(1) 广州市齐众公司收到江山市永新公司以信汇方式支付的货款。

① 会计做账单据是"银行信汇凭证收账通知",见表2-17列示。

表 2-17

中国工商银行信汇凭证（收账通知或取款收据） 4 宁工字（04）NO. 07735436

委托日期 20××年 4 月 14 日

汇款人	全　称	江山市永新公司				收款人	全　称	广州市齐众公司		
	账　号或住址	123###					账　号或住址	87-135888		
	汇出地点	江苏省江山市县	汇出行名称	工行新外支行			汇入地点	广东省广州市县	汇入行名称	农行广州分行

金额	人民币：（大写）壹万伍仟叁佰元整	千	百	十	万	千	百	十	元	角	分
					¥	1	5	3	0	0	0

汇款用途：货款

款项已收入收款人账户 中国农业银行 广州分行汇入行盖章 收讫　年　月　日 业务专用章	款项已收妥 收款人盖章 年　月　日	留行待取预留 收款人印鉴 科目（借）＿＿＿＿ 对方科目（贷）＿＿＿＿ 汇入行解汇日期　年 月 日 复核　记账　出纳

此联给收款人的收账通知或代取款凭证

第四联给收款人的收账通知或代取款收据。

② 会计分录（会计主体是广州市齐众公司）。

借：银行存款 15 300

　　贷：有关科目 15 300

(2) 江山市永新公司以信汇方式支付货款给广州市齐众公司。

① 会计做账单据是"银行信汇凭证回单",见表2-15列示。

② 会计分录。

借：有关科目 15 300

　　贷：银行存款 15 300

(3) 广州市齐众公司收到江山市永新公司以电汇方式支付的货款。做账单据是"中国农业银行支付系统专用凭证",见表2-18列示。参考个例1会计分录。

表 2-18

中国农业银行　电划　支付系统补充记账凭证（收账通知）　No 000010111375

发起行行号：0168　　　　　　　委托日期：20××-04-14
发起行名称：中国工商银行新外支行
付款人账号：123＃＃＃　　　　　　　　收报日期：20××-04-14
付款人名称：江山永新有限责任公司
接收行行号：038
收款人账号：87-135888
收款人名称：广州市齐众有限责任公司
货币符号、金额：人民币壹万伍仟叁佰元整　　　¥15 300
附言：电汇划款
报文流水号：0000174　　　　　打印日期：20××-04-14　14:35:55
普通第一次打印　　确认入账

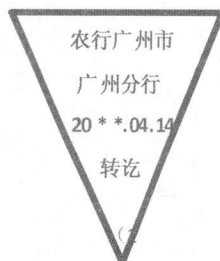

农行广州市
广州分行
20＊＊.04.14
转讫

第二联	作客户通知单	会计	复核	记账

(4) 江山市永新公司以电汇方式支付货款给广州市齐众公司。

① 会计做账单据是"银行电汇凭证回单",见表2-16列示。

② 会计分录。

借:有关科目   15 300

    贷:银行存款   15 300

(五) 商业汇票

商业汇票是由出票人签发的,委托付款人在指定日期无条件支付确定的金额给收款人或者持票人的票据。商业汇票按其承兑人的不同,可分为商业承兑汇票和银行承兑汇票。承兑人是购货单位的为商业承兑汇票,承兑人是银行的为银行承兑汇票。签发商业汇票必须以真实的交易关系或债权债务关系为基础。商业汇票是商业信用票据化的重要方式,目前主要采用银行承兑汇票结算方式。商业汇票的承兑期限,由交易双方商定,但最长不得超过六个月,属于分期付款的,应一次签发若干张不同期限的汇票。

1. 单据式样

(1) 商业承兑汇票。三联单见表 2 - 19 列示。

表 2 - 19

商 业 承 兑 汇 票 (卡片) 1

出票日期 *贰零某某年　肆月壹拾肆日*
(大写)

汇票号码

第 79 号

付款人	全 称	江山市永新有限责任公司		收款人	全 称	广州市齐众有限责任公司		
	账 号	123###			账 号	87-135888		
	开户银行	工行新外支行	行号 0168		开户银行	农行广州分行	行号	038

此联承兑人留存

出票金额	人民币 (大写) 壹万伍仟叁佰元整	千	百	十	万	千	百	十	元	角	分
				¥	1	5	3	0	0	0	0

汇票到期日	贰零零肆年零壹拾月壹拾肆日	交易合同码	03-16W
出票人签章		备注:	

(2) 银行承兑汇票。三联单,见表 2 - 20 列示。

表 2 - 20

银 行 承 兑 汇 票 (卡片) 1

汇票号码

出票日期 *贰零某某 年　肆 月 壹拾肆 日*

第 86 号

出票人全称	江山市永新有限责任公司			收款人	全 称	广州市齐众有限责任公司		
出票人账号	123###				账 号	87-135888		
付款行全称	工行新外支行	行号	0168		开户行	农行广州分行	行号	038

出票金额	人民币 (大写) 壹万伍仟叁佰元整	千	百	十	万	千	百	十	元	角	分
					¥	1	5	3	0	0	0

此联承兑行留存备查,到期支付票款时作借方凭证附件

汇票到期日	贰零某某年柒月壹拾肆日		承兑协议编号	03-78
本汇票请你行承兑,此项汇票款我单位按承兑协议于到期日前足额交存你行,到期请予以支付 出票人签章 年 月 日		科目(借)...................... 对方科目(贷) 转账 年 月 日 复核 记账		
	备注: 汇票专用章			

中国工商银行 4XXXX

2. 要求和程序

目前,实际工作多使用银行承兑汇票,故只介绍此种方式。

(1) 银行承兑汇票应由在承兑银行开立存款账户的存款人签发。承兑申请人按照合同的要求填制汇票,写明日期、承兑申请人和收款人的名称、开户银行和账号、金额、到期日等项目,随购货合同送交银行收取承兑。

(2) 承兑申请人应于汇票到期前将票款足额交存开户银行。承兑银行应在到期日将款项付给收款人、被背书人或贴现银行。收款人应在汇票到期时,填写进账单连同汇票交开户银行办理转账。

(3) 收款人在需要资金时,可持未到期的汇票向银行申请贴现。所谓贴现是指收款人向银行贴付自贴现日至汇票到期前一日的利息,由银行将汇票到期金额扣除贴现利息后的余额支付该收款人的票据转让行为。

(4) 程序。① 承兑申请人(出票人)向开户银行申请承兑收到其签发的银行承兑汇票;② 收款人收到并发货;③ 承兑申请人(出票人)于汇票到期前向本承兑银行交存票款;④ 承兑银行在到期日将款项付给收款人;⑤ 收款人填写进账单连同汇票交开户银行办理转账;⑥ 收款人收到本行"银行进账单"收账通知,款项收妥记账。

3. 个例

(1) 广州市齐众公司向江山市永新公司销售产品,未收到款,收到一张银行承兑汇票。

① 会计做账单据是"销货合同"和增值税专用发票记账联(货款 16 000 元,增值税 2 720元)。

② 会计分录(会计主体是广州市齐众公司)。

借:应收票据   18 080

  贷:主营业务收入   16 000

     应交税费——应交增值税(销项税额)   2 080

(2) 广州市齐众公司收到的一张江山市永新公司的银行承兑汇票到期承兑。

① 会计做账单据是"支付系统补充记账凭证",见表 2-21 列示。

表 2-21

中国农业银行 电划 支付系统补充记账凭证(收账通知) 业务种类:电子联行

20××年07月14日   行内交易序号:10002220   支付交易序号:53120008

付款人名称:工行新外支行   收款人名称:广州市齐众公司

付款人账号:123##   收款人账号:87-15888

付款人开户行行名:中国工商银行新外支行   收款人开户行行名:中国农业银行

                                             广州分行

付款人开户行行号:000000000000   收款人开户行行号:038

发起行号:123##   接收行号:000004342

金额(大写)人民币壹万捌仟零捌拾元整   (小写)￥18 080.00

附言:银行承兑汇票款项划回

                                主机流水号:001234

复核: 记账:

（印章：农行广州市广州分行 20**.0714 转讫）

② 会计分录(会计主体是广州市齐众公司)。

借:银行存款   18 080

  贷:应收票据   18 080

(3) 江山市永新公司购买广州市齐众公司产品,未付款,开出一张银行承兑汇票。

① 会计做账单据是"银行承兑汇票(存根)",见表 2 - 22 列示。

表 2 - 22

银行承兑汇票(存 根)   3   汇票号码004356488

出票日期 (大写) 贰零某某 年 肆月 壹拾肆日   第 086 号

出票人全称	江山市永新公司	收款人	全 称	广州市齐众公司											
出票人账号	123###		账 号	87-135888											
付款行全称	工行新外支行 行号 0168		开户行	农行广州分行 行号 038											
汇票金额	人民币: (大写) 壹万捌仟零捌拾元整				千	百	十	万	千	百	十	元	角	分
						¥	1	8	0	8	0	0	0
汇票到期日	贰零某某年壹拾月壹拾肆日	承兑协议编号	04-78											
备注:														

此联出票人存查

② 会计分录(会计主体是江山市永新公司)。

借:在途物资或原材料   16 000
　　应交税费——应交增值税(进项税额)   2 080
　　贷:应付票据   18 080

(4) 第(3)例江山市永新公司开出的银行承兑汇票到期付款。

① 会计做账单据是"业务委托书(回单)"、"银行承兑汇票存根",见表 2 - 23 列示。

表 2 - 23

⊥ 中国工商银行   业务委托书(回　单)

日期　20 × ×年 7 月 14 日   苏 A　00416

业务类型	□电汇　　□信汇　　□汇票申请书　　□本票申请书												
	其他　银行承兑汇票												
付款人	全 称	江山市永新公司	收款人	全 称	广州市齐众公司								
	账号或地址	123###		账号或地址	87-135888								
	开户银行	工商银行新外支行		开户银行	农行广州分行　行号　038								
人民币 金额(大写) 壹万捌仟零捌拾元整				千	百	十	万	千	百	十	元	角	分
						¥	1	8	0	8	0	0	0
密码　*******	加急汇款签字		付出行签章										
用 途　货款													
单位主管　　会计　　复核　　记账													

第三联 回单联

事后监督:　　　会计主管:　　　　复核:　　　　记账:

② 会计分录。

借:应付票据   18 080
　　贷:银行存款   18 080

（六）委托收款

委托收款是收款人向银行提供收款依据，委托银行向付款人收取款项的一种结算方式。在银行开立账户的单位和个人，发生的商品交易和水电、邮电、电话等款项的结算，以及其他各种款项的结算，均可使用委托收款方式，同城和异地均可办理，不受金额起点的限制。根据凭证传递方式不同，委托收款可分为委邮（邮寄）和委电（电报划回）两种，由收款人选用。

1. 单据式样

（1）委托收款凭证（委邮）。五联单见表2－24列示。

表 2 - 24

（2）委托收款凭证（委电）。五联单见表2－25列示。

表 2 - 25

2. 要求和程序

(1) 单位委托银行收款时,应填制委托收款凭证。

(2) 付款单位接到银行通知及有关附件后,应在规定的付款期(三天内)付款。

(3) 如果付款单位在付款期内未向银行提出异议,付款银行视为同意付款,并于付款期满的次日将款项主动划出。

(4) 如果付款单位审查有关单据后,决定全部或部分拒付时,应在付款期内对拒付部分填制拒绝付款理由书,连同有关单据通过银行转交收款企业,但银行不负责审查拒付理由。

(5) 程序。① 收款人填制委托收款凭证委托开户银行收款;② 收款人开户银行受理委托,返回回单联给收款人;③ 银行传递凭证;④ 付款人开户银行交给付款人"委托收款凭证付款通知"通知付款;⑤ 付款人承认付款,银行划款,付款人记账;⑥ 收款人收到开户银行"委托收款凭证收账通知",票款收妥入账。

3. 个例

(1) 江山市自来水公司委托银行向江山市永新公司收水费。

① 会计做账单据是"委托收款凭证收账通知"(第四联)。见表 2-26 列示。

表 2-26

委邮　**委托收款凭证**（收账通知）　**4**　第 0370223 号

委托日期: 20××年6月16日　　付款期限: 20××年6月30日

付款人	全　称	江山市永新有限责任公司	收款人	全　称	江山市自来水有限责任公司									
	账　号	123###		账　号	711-010									
	开户银行	工商银行新外支行		开户银行	工行南办			行号		02				

委托金额	人民币: (大写)壹仟肆佰零柒元整		千	百	十	万	千	百	十	元	角	分
							¥	1	4	0	7	0	0

款项内容	自来水费	委托收款凭据名称	协议号:1366	附属单据张数	1

备注: 0.800　6677	款项收妥日期 　年　月　日	收款人开户行盖章 中国工商银行江山市新外支 20*.07.14 业务清讫

单位主管　会计　复核　记账

② 会计分录(会计主体是江山市自来水公司)。

借:银行存款　　　　　　　　　　　　　　1 407

　　贷:有关科目　　　　　　　　　　　　　　　　1 407

(2) 上例江山市永新公司到期付款。

① 会计做账单据是"委托收款凭证付款通知"(第五联),见表 2-27 列示。

表 2 - 27

委托收款凭证（付款通知）　5　　第 0370223 号

| 委邮 | | | | | | | | | | | | | | |

委托日期：20××年6月16日　付款期限：20××年6月30日

付款人	全　称	江山市永新有限责任公司		收款人	全　称	江山市自来水公司										
	账　号	123###			账　号	711-010										
	开户银行	工行新外支行	行号 0168		开户银行	工行南办	行号 02									

委托金额	人民币：（大写）壹仟肆佰零柒元整					千	百	十	万	千	百	十	元	角	分
									¥	1	4	0	7	0	0

款项内容	自来水费	委托收款凭据名称	协议号:1366	附属单据张数	一张

备注：0.800　　6677	付款人注意： 1. 应于见票当日通知开户银行划款。 2. 如需拒付，应在规定期限内，将拒付理由书并附债务证明退交开户银行受理凭证专用章 收妥抵用	中国工商银行南京市 新外支行 20**.06.16

单位主管　　会计　　复核　　记账　　　　付款人开户行盖章　年　月　日

② 会计分录。

借：有关科目　　　　　　　　　　　　　　　1 407
　　贷：银行存款　　　　　　　　　　　　　　　　　1 407

（七）托收承付

托收承付是根据购销合同由收款人发货后委托银行向异地付款人收取款项，由付款人向银行承兑付款的结算方式。它适用于异地企业之间的商品交易，以及由于商品交易而产生劳务供应的货款结算。

1. 单据式样

托收承付。五联单，见表 2 - 28 所示。

表 2 - 28

托收承付 凭证　　（回 单）　1　　托收号码：

| 邮 | | | | | | | | | | | | | | |

委托日期　20××年　4月14日

付款人	全称	广州市齐众公司		收款人	全称	江山市永新有限责任公司										
	账号或地址	87-135888			账号	123###										
	开户银行	农行广州分行	行号 038		开户银行	工行新外支行	行号 0168									

托收金额	人民币：（大写）叁万伍仟零叁拾元整				千	百	十	万	千	百	十	元	角	分
							¥	3	5	0	3	0	0	0

	附件	商品发运情况	合同名称号码
附寄单证张数或册数	4张	铁运	03-38W

备注：	款项收妥日期 19 年 月 日	中国工商银行南京市 新外支行 20**.04.14 受理凭证专用章 收妥抵用

收款人开户银行盖章　月　日

单位主管　　　　会计　　　　会核　　　　记账

2．要求和程序

（1）托收承付结算，必须依据双方签订的经济合同，收款人办理托收，必须具有货物确已发运的凭证或其他交易证明。

（2）根据《支付结算办法》的规定，托收每笔金额起点为 10 000 元，新华书店系统每笔的金额起点为 1 000 元。

（3）承付货款的方式分为验单付款和验货付款两种，具体方式应在合同中规定。验单付款的承付期为 3 天，验货付款的承付期为 10 天。若在承付期内付款人未表示拒绝付款，银行即视同承付并划款。

（4）付款人在承付期内有权全部或部分拒付。拒付时应填制"拒绝付款理由书"（见表2-28），并提供相应证明，送交开户银行审查。

（5）程序。① 收款人按合同向付款人发运货物；② 收款人填制托收承付凭证委托开户银行托收收款，并向银行提供有关单据（发票和运费单等证明）；③ 收款人开户银行受理委托，返回回单联给收款人记账；④ 银行传递凭证给付款人的开户银行；⑤ 付款人开户银行交给付款人"托收承付凭证承付通知"和所附单据后通知付款；⑥ 付款人承认付款，银行划款，付款人记账；⑦ 收款人收到开户银行"托收承付凭证收账通知"，票款收妥入账。

3．个例

（1）江山市永新公司（收款人）向广州市齐众公司办理托收承付结算货款，江山市永新公司发货后，填制托收承付凭证，连同运单、发票一并送交开户行，如江山市永新公司当月未收到货款。

① 会计做账单据是"托收承付凭证回单"（第一联），见表2-28。

② 会计分录。

借：应收账款　　　　　　　　　　　　　　　　　　　　35 030
　　贷：主营业务收入　　　　　　　　　　　　　　　　　　31 000
　　　　应交税费—应交增值税（销项税额）　　　　　　　　 4 030

（2）如江山市永新公司（收款人）当月收到货款。

① 会计做账单据是"托收承付凭证收账通知"（第四联），见表2-29列示。

表 2-29

托收承付凭证（收账通知）　　**4**　　第 00366 号

② 会计分录。

借：银行存款　　　　　　　　　　　　　　　　　　　　35 030

贷:主营业务收入	31 000
应交税费—应交增值税(销项税额)	4 030

(3) 如江山市永新公司(收款人)次月收到货款。

① 会计做账单据是"托收承付凭证收账通知"(第四联),见表2-30列示。

② 会计分录

借:银行存款	35 030
贷:应收账款	35 030

(4) 若上例江山市永新公司(收款人)收到部分货款。

① 会计做账单据是"托收承付结算全部、部分付款收账通知",见表2-30列示。

表 2-30

托收承付　　全部　　　　　　(代通知或)
委托收款　结算　部分　拒绝付款理由书　(收账通知)　4

拒付日期20××年4月20日　　　　　原托收号码 00366

付款人	全　称	广州市齐众有限责任公司		收款人	全　称	江山市永新有限责任公司										
	账　号	87-135888			账　号	123####										
	开户银行	农行广州分行　行号 038			开户银行	工行新外支行　行号 0168										
托收金额		35 030	拒付金额		4610	部分付款金额	千	百	十	万	千	百	十	元	角	分
										¥	3	0	4	2	0	0
附寄单证		2张	部分付款金额(大写)		叁万零肆佰贰拾元整	中国农业银行 广州分行 收讫 业务专用章										
理由: 与货样不符					付款人盖章											

第四联银行给收款人作收账通知或全部拒付通知

② 会计分录。

借:银行存款	30 420
贷:应收账款—广州市齐众公司	30 420

(5) 广州齐众公司(付款人)全额承付货款。

① 会计做账单据是"托收承付凭证支款通知",见表2-31列示。

表 2-31

托收承付凭证(承付、支款通知)　5　　第 0056577 号

(邮)　委托日期: 20××年4月14日　　承付期限: 20××年5月14日

付款人	全　称	广州市齐众有限责任公司		收款人	全　称	江山市永新有限责任公司										
	账　号	87-135888			账　号	123###										
	开户银行	农行广州分行　行号 038			开户银行	工行新外支行　行号 0168										
托收金额	人民币: (大写)叁万伍仟零叁拾元整					千	百	十	万	千	百	十	元	角	分	
								¥	3	5	0	3	0	0	0
附件			商品发运情况			合同名称号码										
附寄单证张数或册数 4			铁运			03-16W										
备注: 中国工商银行商业市 新外支行 20**.04.14 受理凭证专用章 收款振用			付款人注意: 1. 据支付结算法规定,上列托收款,在承付期限末拒付时,即视同全部承付。 2. 如需提前承付或多承付时,应另写书面通知送银行办理。 3. 如系全部或部分拒付,应在承付期限内另填拒付理由书送银行办理。													
单位主管　　会计　　复核　　记账　　付款人开户银行盖章日期　　年　月　日															

② 会计分录(会计主体是广州市齐众公司)。

借:在途物资　　　　　　　　　　　　　　　　　　　31 000

　　应交税费—应交增值税(进项税额)　　　　　　　4 030

　　贷:银行存款　　　　　　　　　　　　　　　　　　　35 030

(6) 若上例广州市齐众公司(付款人)承付部分货款。

① 会计做账单据是"托收承付结算全部、部分拒绝付款回单",见表2-32列示。

表 2-32

托收承付　　全部
委托收款结算部分拒绝付款理由书(回单或付款通知)1　第 002645 号

拒付日期20××年4月20日　　　　原托收号码00366

付款人	全　称	广州市齐众有限责任公司	收款人	全　称	江山市永新有限责任公司
	账　号	87-135888		账　号	123###
	开户银行	农行广州分行　行号 038		开户银行	工行新外支行　行号 0168

| 托收金额 | 35030 | 拒付金额 | 4610 | 部分付款金额 | ¥3 0 4 2 0 0 0 (千百十万千百十元角分) |

附寄单证 4张　部分付款金额(大写) 叁万零肆佰贰拾元整

拒付理由:与货样不符。

付款人盖章

② 会计分录(会计主体是广州市齐众公司)。

借:在途物资　　　　　　　　　　　　　　　　　　　26 920

　　应交税费—应交增值税(进项税额)　　　　　　　3 500

　　贷:银行存款　　　　　　　　　　　　　　　　　　　30 420

二、票据和结算凭证的审核

1. 票据和结算凭证是否属于本企业。
2. 票据和结算凭证是否超过有效日期。
3. 票据和结算凭证上记载的金额大小写是否一致。
4. 票据和结算凭证联次是否正确和齐全。
5. 票据和结算凭证款项来源和用途是否符合规定。
6. 票据和结算凭证要素是否完整。

✖ 实训步骤

1. 熟悉银行票证。

在填写空白银行票证之前,熟悉银行结算的有关规定,明确填制要求。对经济业务发生后所涉及的银行结算票证的填写、用途等情况有所了解,能够正确地使用。

2. 填写银行票证。

按照上述填写票据和结算凭证的基本规定,填写银行票证。

3. 审核银行票证。

对填制完毕的银行票证,要逐笔审核填写是否规范、完整,是否符合规定要求。

4. 确定银行票证。

根据实际发生的银行存款业务,确定会计做账的依据。并能够据以编制相关会计分录。

✈ 实训资料

见任务十七 单项实训活动之实训活动二。

✈ 实训思考

一、选择题

实训思考
参考答案 2

1. 2018 年 10 月 12 日,某木器有限责任公司出纳员王某签发现金支票,提取现金 14 500 元,用于日常零星开支,请选择描述正确的选项( )。

    A. 收款人填写某木器有限责任公司   B. 金额大写壹万肆仟伍佰元整

    C. 用途填写备用金   D. 出票日期大写贰零壹捌年零壹拾月拾贰日

2. 支票的有效期为( )天,日期首尾算一天,节假日顺延。

    A. 10 天   B. 30 天   C. 60 天   D. 7 天

3. 根据我国票据法的规定,现金支票与转账支票的关系是:( )。

    A. 现金支票可以转账,转账支票不能支取现金

    B. 现金支票只能有支取现金,转账支票只用于转账

    C. 现金支票在特殊情况下可能转账

    D. 转账支票可以支取现金,现金支票不能转账

4. 会计张某签发一张转账支票,支票金额为 10 100 元,张某将小写金额写成 10 000 元,大写金额正确,以下哪个说法正确?( )

    A. 可用同色笔小心将 0 改成 1,支票继续有效

    B. 只要支票大写金额正确,支票继续有效

    C. 该张支票作废

    D. 在错误小写金额上运用红线更正法,张某盖上自己的名字章,支票继续有效

5. 下面说法正确的是( )。

    A. 支票一般适合于同城的交易

    B. 支票金额为 7 560.31 大写为柒仟伍佰陆拾元零叁角壹分

    C. 支票金额为 532.00 大写为伍佰叁拾贰元零角零分

    D. 出票单位现金支票背面有印章盖模糊了,可把模糊印章打叉,重新再盖一次

二、讨论题

1. 案例分析：A 公司签发一张以 B 公司为收款人的转账支票，票据金额栏空缺，由 B 公司财务人员补记，补记后的票面金额为 30 万元。B 公司在法定期限内提示付款，因票据上补记的手写体字体与其他字体不统一而遭 A 公司的开户行退票。理由是票据有可能系变造。

讨论：A 公司的开户行退票理由是否正当？为什么？

2. 收到长期合作客户签发的转账支票，除去对合作单位的资信审核外，对支票的票面我们需注意哪些问题？

✈ 实训提示

签发现金支票和转账支票务必注意：支票上的所有项目都要填全，不得有遗漏；出票日期要大写；大写金额要顶头，小写金额前要封顶，大、小写金额要一致；收款人要写全称；背书要在指定的位置盖印，不可超出边缘；支票上的所有项目不可更改，否则，即为无效；支票存根要填写完整。

✈ 实训总结

个人撰写实训工作日志（样表附后）。

内容：实训日期、实训岗位、工作内容、工作小结（掌握内容、问题及建议）。

任务三
银行其他结算与现金管理

✈ 实训目的

通过填审银行相关结算与现金凭证,要求了解银行存款结算和现金管理规定,了解与银行转账结算相关联的结算凭证,了解现金结算的规定和具体操作,掌握银行结算凭证的名称、基本业务内容、填制程序、会计分录,并能够规范地填制和审核。

✈ 实训时间

1课时。

✈ 实训任务

一、银行转账结算业务相关处理与核算

在办理银行业务的过程中,与银行结算方式相关的常用结算凭证有:结算凭证领购单、现金解款单、现金存款凭证、银行进账单、存款利息通知单等。

(一) 结算凭证领购单

单位或个人向银行领购结算凭证时,应填写一式四联"结算凭证领购单",支付工本费和手续费。领购空白重要结算凭证在领购单上的签章应为预留银行的签章。

1. 单据式样

四联单,见表3-1列示。

表 3-1

中国工商银行江山分行（　　）结算凭证领购单（回　单）　宁工字 No.0102855

20××年 9月3日　　　　　　　　　　　　　　（12）

领购单位	江山市永新公司 工行新外支行									账号		123###						
领购凭证名称	数量（本）	单价			凭证工本费						凭证起讫号		手续费					
		元	角	分	千	百	十	元	角	分	起	讫	千	百	十	元	角	分
现金支票	1	5	0	0				5	0	0					1	5	0	0
电汇凭证	1	1	0	0				1	0	0								
合计						¥	6	0	0		合计		¥	1	5	0	0	
凭证费 手续费 合计（大写）贰拾壹元整													¥	2	1	0	0	

复核：　　　　　　记账：　　　　　　制单：

第四联　付款单位代借方凭证

中国工商银行江山市
新外 支行
★ 20××.09.03 ★
业务清讫
银行盖章：
（00）
年 月 日

2. 要求和程序

（1）单位或个人向银行领购结算凭证时，应按照不同凭证的成本价格，填写一式四联"结算凭证领购单"。

（2）在"银行记账联"加盖单位预留印鉴，交本单位开户银行办理。

（3）银行审查凭证无误后，在第一联领购单上加盖转讫章或现金收讫章及经办员名章，作付款通知交领购人，同时将结算凭证一并交给领购人。

3. 个例

江山市永新公司领购支票等结算凭证，付手续费 21 元。

① 填写"结算凭证领购单"见表 3-1。

② 会计做账单据"结算凭证领购单"见表 3-1。

③ 会计分录。

借：财务费用——手续费　　　　　　　　　　　　　　　　21
　　贷：银行存款　　　　　　　　　　　　　　　　　　　　　　21

（二）现金解款单

现金解款单是单位向开户银行送交现金时，与银行办理结算的凭证。

1. 单据式样

（1）现金解款单。三联单，见表 3-2 列示。

表 3-2

中国工商银行现金解款单(回单) ①

20××年7月14日

交款单位	江山市永新公司					开户银行		工商银行新外支行					
款项来源	贷款					账　号		123###					
人民币 (大写) 玖仟叁佰叁拾元整							十万	千	百	十	元	角	分
							¥ 9	3	3	0	0	0	

票面	张数	万	千	百	十	元	票面	张数	百	十	元	角	分
壹佰元	93		9	3	0	0	壹元						
伍拾元							伍角						
贰拾元							壹角						
拾元	3				3	0	分票						
伍元							其他						

收款员：
复点员：
(收款单位盖章)

此联由银行盖章后退回单位

(2)现金存款凭证。二联单,见表3-3列示。

表 3-3

中国工商银行现金存款凭证

20××年07月14日　　　　No.53307271

存款人	全　称	江山市永新公司		款项来源		第一联 回单联
	账　号	123###				
	开户行	工商银行新外支行		交款人		
金额 (大写)	人民币(本位币) 玖仟叁佰叁拾元整			(小写) RMB 9 330.00		

票面	张数	票面	张数	票面	张数
100.00	93				
10.00	3				

经办　　复核 02482

2. 要求和程序

(1)单位出纳人员先将需交到银行的现金按面额整理清点,按照现金解款单的项目一一填写清楚,在第二联加盖单位印章,然后将现金与现金解款单一并交到银行。

(2)银行清点现金,审核现金解款单无误,在第一联"回单"联盖章,同时用电脑打印"现金存款凭证"同时交给单位出纳。单位应据此两联作为存入款项的凭证,据以做账。

3. 个例

江山市永新公司将现金9330元交本单位开户银行。

① 填写"现金解款单"见表3-2。

② 会计做账单据"现金解款单回单"见表3-2,"现金存款凭证回单"见表3-3。

③ 会计分录。

借:银行存款　　　　　　　　　　　　　　　　　　9 330

　　贷:库存现金　　　　　　　　　　　　　　　　　　9 330

(三)银行进账单

银行进账单是单位因向开户银行送交结算的票据,如转账支票、银行汇票和银行本票等,应填写的通过银行办理银行存款收入业务的结算凭证。

1. 单据式样

二联单,见表3-4、3-5列示。

表3-4

银行进账单　　　　　　　　　　　　　　　　**银行进账单（送票回执）1**

表3-5

银行进账单　　　　　　　　　　　　　　　　**银行进账单（贷方凭证）2**

2. 要求和程序

（1）单位出纳人员收到购货单位开出的转账支票、银行汇票、商业汇票、银行本票以后,应逐项审核票据有关收款单位、开户银行、账号、金额及印章等项目,在票据指定位置加盖本单位印鉴章。

例如:当江山市华联百货公司收到江山市永新公司的转账支票办理收款结算时,即在转账支票反面填写本单位名称并加盖印鉴章。见表3-6。

表3-6

（2）填制银行进账单用复写纸和圆珠笔或签字笔，然后将票据和银行进账单二联单一并交到银行办理银行进账。

（3）银行收到上项单据审核无误后，在银行进账单第一联上加盖银行受理章并交回单位出纳人员。但这一联"回单"只能作为银行受理这笔业务的凭据，不能作为收款单位银行进账的单据，必须等收到银行盖章的银行进账单第二联"收账通知"时，才能作为银行存款增加的做账原始单据。如果是其他单位直接填写后交与银行或委托银行代付，则由银行将银行盖章的银行进账单第二联"收账通知"交与收款单位，收款单位依此凭证做账。

3. 个例

（1）江山市华联百货公司收到江山市永新公司以转账支票方式支付的购货款1 200元。

① 填写"银行进账单"见表3-4、表3-5。

② 会计做账单据"银行进账单回单"、"银行进账单收账通知"见表3-4、表3-7。

表3-7

银行进账单

（收款通知）2（附联）　20ХХ-10-20

收款人	全　称	江山市华联百货公司										
	账　号	336 6										
	开户银行	工行城东支行										
人民币 合计		千	百	十	万	千	百	十	元	角	分	
					¥	1	2	0	0	0	0	
序号	付款人名称或账号			金额								
1	江山市永新公司			1 200								
收款人开户银行盖章												

（附联为收款人开户银行交给收款人的收账通知）（正联）

江山市工商银行 城东支行 20**10.20 转讫

③ 会计分录（会计主体为江山市华联百货公司）。

借：银行存款　　　　　　　　　　　　　　　　　　　　　　1 200
　　贷：有关科目　　　　　　　　　　　　　　　　　　　　　　1 200

（2）广州市齐众公司（收款单位）收到江山市永新公司银行汇票一张，金额15 300元。

① 填写"银行进账单"参照表3-4、表3-5。

② 会计做账单据"银行进账单回单"、"银行进账单收账通知"见表3-4、表3-8。

表 3-8
银行进账单

（收款通知）2（附联）20××-10-20

③ 会计分录（会计主体是广州市齐众公司）。

借：银行存款　　　　　　　　　　　　　　　　　　15 300

　　贷：有关科目　　　　　　　　　　　　　　　　　　15 300

（四）存款利息通知单

存款利息通知单是单位的开户银行定期按开户单位银行存款的每日余额及银行同期活期存款利率，结算存款利息的凭证。一般按季度结算。

1. 单据式样

二联单，见表 3-9 列示。

表 3-9
中国工商银行存（贷*）款利息回单

币种：人民币（本位币）　　　　　　单位：元　　　　　　20××年6月22日

付款人	户　名	771001	收款人	户　名	江山市永新公司
	账　号	4455666		账　号	123###
实收（付）金额		898.03	计息户账号		123###
借据编号			借据序号		

备注	起息日期	止息日期	积数/息余	利率	利息
	20××-03-21	20××-6-21	155,668,999,330.55	0.72	会计分录 898.03
	调整利息：0.00		冲正利息：0.00		
	应收（付）利息合计：898.03				

银行章：　　　　　　　　　　　　　　　　　经办人：尹冰

2. 个例

江山市永新公司于6月23日收到本单位开户银行存款利息回单。

① 会计做账单据"银行存（贷*）款利息回单"见表 3-9。

② 会计分录

借:银行存款　　　　　　　　　　　　　　　898.03
　贷:财务费用　　　　　　　　　　　　　　　898.03

二、现金的核算

(一) 现金管理规定

根据国务院 1988 年发布的《现金管理暂行条例》和同年中国人民银行发布的《现金管理暂行条例实施细则》的有关规定,现金管理的内容主要包括以下四个方面:

1. 现金的使用范围

现金使用范围包括:(1) 职工工资、津贴;(2) 个人劳务报酬;(3) 根据国家规定颁发给个人的科学技术、文化艺术、体育等各种奖金;(4) 各种劳保、福利费用以及国家规定的对个人的其他支出;(5) 向个人收购农副产品和其他物资的价款;(6) 出差人员必须随身携带的差旅费;(7) 结算起点 1 000 元以下的零星支出;(8) 中国人民银行确定需要支付现金的其他支出。

企业应严格按照国家规定的开支范围使用现金,结算金额超过起点的,不得使用现金。

2. 现金的库存限额

现金的库存限额是指为了保证企业日常零星开支的需要,允许单位留存现金的最高数额。具体规定有:(1) 开户单位库存现金一律实行限额管理;(2) 单位的库存现金限额由其开户银行根据实际需要核定;(3) 单位的库存现金限额一般为 3 至 5 天的日常开支需要量;(4) 边远地区和交通不便地区的开户单位,库存现金限额可以多于 5 天,但不得超过 15 天的日常开支所需的库存现金限额;(5) 经核定的库存现金限额,开户银行必须严格遵守。需要增加或者减少库存现金限额的,应当向开户银行提出申请,由开户银行核定。

3. 现金日常收支管理

(1) 收入现金。

开户单位现金收入应当于当日送存开户银行。当日送存确有困难的,由开户银行确定送存时间。

(2) 支付现金。

开户单位支付现金,可以从本单位库存现金限额中支付或者从开户银行提取现金后支付,不得从本单位的现金收入中直接支付各项开支(即坐支)。

从开户银行提取现金,应当写明用途,由本单位财会部门负责人签字盖章,经开户银行审核后,予以支付现金。

(3) 特殊情况的处理。

因特殊情况需要坐支现金的,应当事先报经开户银行审查批准,由开户银行核定坐支范围和限额。坐支单位应当定期向开户银行报送坐支金额和使用情况。

因采购地点不固定,交通不便,生产或者市场急需,抢险救灾以及其他特殊情况必须使用现金的,开户单位应当向开户银行提出申请,由本单位财会部门负责人签字盖章,经开户银行审核后,予以支付现金。

4. 库存现金账目管理

(1) 现金账目必须健全,指同时开设现金日记账和总账。

(2) 现金收入和支出应逐笔登记。

（3）账目应日清月结。

（4）账款要相符。

5. 库存现金保管制度

（1）超过库存限额以外的现金应在下班前送存银行。

（2）为加强对现金的管理,除工作时间需要的小量备用金可放在出纳人员的抽屉内外,其余则应放入出纳专用的保险柜内,不得随意存放。

（3）限额内的库存现金当日核对清楚后,一律放在保险柜内,不得放在办公桌内过夜。

（4）库存现金的纸币和铸币,应实行分类保管。出纳人员应对库存票币分别按照纸币的票面金额和铸币的币面金额,以及整数（大数）和零数（小数）分类保管。

6. 库存现金管理内部控制制度

（1）钱账分管制度

出纳人员不得兼管稽核、会计档案保管和收入、费用、债权、债务账目的登记工作。现金总账不能由出纳登记而应由会计登记;另外还可以让出纳登记一些和库存现金、银行存款不产生对应关系的账簿,比如累计折旧等明细账。

（2）库存现金开支审批制度

包括:① 明确本单位库存现金开支范围;② 明确各种报销凭证,规定各种库存现金支付业务的报销手续和办法;③ 确定各种现金支出的审批权限。

（二）个例

1. 现金增加业务

（1）从银行提取现金。见实训二表2-1、表2-5。

（2）销售产品收取不足转账起点的小额销货款。

（收取现金销货款后,应于当日上交银行作为存款,否则视同坐支。）

① 会计做账单据"××省增值税专用发票"。见表3-10。

表3-10

××省增值税专用发票

XX0000031140　　　　　NO 08924253

记 账 联　　开票日期: 20 x x 年12月2日

购货单位	名　称	江山市兴隆制造公司	密码区	>-186++98-9*0++*898	
	纳税人识别号	XX0105346785456		74-//653>*/>2>/2281 加密版本: 01	
	地址、电话	江山霞光路120号　9268999		55*-75+>->-474-5421　XX00031140	
	开户行及账号	市霞光支行 0033122422898		-0510/348*>>1200-8>/　08924253	

货物或应税劳务名称	规格型号	单位	数量	单价	金　额	税率	税　额
甲		件	5	120.00	600.00	13%	78.00

价税合计（大写）	⊗ 陆佰柒拾捌元整	（小写）¥678.00

销货单位	名　称	江山市永新公司	备注	收讫
	纳税人识别号	123456712345678		
	地址、电话	光明路148号 7788980		
	开户行及账号	江山市工商银行新外支行 123####		

收款: 沙小易　　复核人: 刘伟　　开票人: 吴芬　　销货单位:（章）

第三联 记账联 销货方记账凭证

② 会计分录。

借：库存现金　　　　　　　　　　　　　　　　　　　678
　　贷：主营业务收入　　　　　　　　　　　　　　　　600
　　　　应交税费——应交增值税（销项税额）　　　　78

（3）职工交回的多余出差借款等。

① 会计做账单据见表3-11、表3-12。

表 3-11

江山市永新公司外埠出差费报销单（代转账凭证）

报销日期　20ⅹⅹ年12月1日　　　　　　　　附单据凭证 6 张

部门	厂部办公室		姓名		李林		事由		开会	
起止时间地址				车船票	在途补贴		住宿费		住勤补贴	其它
月日	起程	月日	到达	人天	金额	人天	金额	人天	金额	人天	金额	金额
11.28	江山	11.28	上海		58.00			1/2	220.00	1/3	60.00	46.00
11.30	上海	11.30	江山		58.00							
合　计					116.00				220.00		60.00	46.00

现金付讫

原借支 500.00　核销 442.00　退补 58.00　共计人民币（大写）：肆佰肆拾贰元整　　¥442.00

部门主管：王斌　　　财会主管：江华　　　出纳：徐宁　　　报销人：李林

表 3-12

江山市永新公司差旅费结算单

20ⅹⅹ年11月28日

出差事由	开会	出差地点	上海						
出差人员	李林	预计天数	叁天						
借 款 金 额	人民币（大写）伍佰元整			千	百	十	元	角	分
				¥	5	0	0	0	0
结算记录	日　期	报销总额	交回余额	补领不足	原借款人盖章		财务结算公章 经办人签章		
	11月28日	442.00	58.00		李林 11.28		徐宁		
	交回 补领 金额	人民币（大写）伍拾捌元整	现金收讫						

② 会计分录。

借：管理费用　　　　　　　　　　442（依据表3-11）
　　库存现金　　　　　　　　　　58（依据表3-12）
　　贷：其他应收款—李林　　　　500（依据表3-11、表3-12）

（4）收回备用金。

① 会计做账单据见表3-13。

表 3-13

缴 款 单

附件 1 张   20x x年x月x日   第 00238 号

交款单位 __行政科__	现金收讫	交款人 __高民__
交 来 __备用金__		款
人民币（大写）壹仟元整 ￥ 1000.00		
收款单位：财务 会计主管：金丽 收款人：徐宁		

注：本单据一式两联。一联盖章后交缴款人，一联财务做账。

② 会计分录。

借：库存现金   1 000
　　贷：其他应收款—高民   1 000

2. 现金减少业务

（1）购买办公用品。

① 会计做账单据见表 3-14、表 3-15。

表 3-14

江山市永新公司费用报销审批单

报销部门：财务处   20 x x年1月17日   单据及附件共   页

用 途	金 额	备注		
购办公用打印纸	62.00			
		领导 审批	同意报销 赵伟 1.17	现金付讫
合 计	￥62.00			
金额（大写）： 陆拾贰元整		原借款：-		应退余款：-

会计主管：韩宁   出纳：李民   报销人：李翔

表 3-15

江山市商业企业零售通用发票

发 票 联   宁国税   NO 002589432

客户名称：江山市永新公司   开票日期：x x x x年1月17日

货号	品名及规格	单位	数量	单价	金 额								备注
					十	万	千	百	十	元	角	分	
	打印纸	盒	2	31.00					6	2	0	0	
								￥	6	2	0	0	
人民币合计 （大写）	⊗ 仟⊗佰 陆 拾 贰元 零 角 零 分 ￥62.00												

发票专用章：   开票人：赵容

② 会计分录。

借:管理费用　　　　　　　　　　　　　　　　　　　　　62

　　贷:库存现金　　　　　　　　　　　　　　　　　　　　　62

（2）借差旅费。

职工因公借款,应填写正式借款单作为记账凭证的附件,这种借款单要作为记账凭证,不能退给借款者。职工报销差旅费或退还借款时,由出纳人员另开收据或经出纳签字的差旅费报销单作为证明。

① 会计做账单据见表 3－16。

表 3－16

江山市永新公司出差旅费借款单

部门:办公室

借款人:王建强　　　　　　　　　　　　借款日期: 20 x x 年 1 月 8 日

出差事由	档案管理培训会		出差地点	上海									
出差人员	王建强			预计天数	叁天	十	万	千	百	十	元	角	分
借款金额	人民币（大写）柒佰元整	现金付讫						¥	7	0	0	0	0
借款须知	1 借领公款不得私用。2 出差返回后须按规定期限向财务部门报销结算。3 报销与交回余款,必须同时结清。		主管批准 同意 张文 1.7		借款人盖章签收 王建强 1.7		付款方式 现金							

② 会计分录。

借:其他应收款—王建强　　　　　　　　　　　　　　　700

　　贷:库存现金　　　　　　　　　　　　　　　　　　　700

✈ 实训步骤

1. 熟悉银行转账结算业务相关凭证。

在填写银行其他结算凭证之前,熟悉银行结算的有关规定,明确填制要求。

2. 填写银行转账结算业务相关凭证。

在熟悉银行结算的有关规定的基础上,按照上述要求,填写银行相关结算凭证。

3. 审核银行转账结算业务相关凭证。

对填制完毕的银行其他结算凭证,要逐笔审核填写是否规范、完整,是否符合规定要求。

4. 确定银行转账结算业务相关凭证。

根据实际发生的银行存款业务,确定会计做账的依据,并能够据以编制相关会计分录。

5. 填写现金收付款业务有关凭证。

根据实际发生的现金业务,确定会计做账的依据,规范填写,并能够据以编制相关会计分录。

✈ 实训资料

见任务十七　单项实训活动之实训活动三。

✈ 实训思考

实训思考
参考答案 3

一、选择题

1. 购买银行结算凭证账务处理应借记(　　)账户。
   A. 管理费用　　　　　　　　B. 财务费用
   C. 其他应收款　　　　　　　D. 营业外支出
2. 会计办理报销差旅费业务的做账依据一般有(　　)。
   A. 差旅费借款单　　　　　　B. 缴款单或收据
   C. 差旅费报销单　　　　　　D. 车票、会务发票等
3. 下列经济业务中能用现金支付的有(　　)。
   A. 购买机器的价款 56 000 元　　B. 支付外地材料采购款 80 000 元
   C. 支付职工奖金 65 000 元　　　D. 购买办公用品 520 元
4. 下列各项中属于现金管理内容的有(　　)。
   A. 可以携带现金到外地采购　　B. 规定现金使用范围
   C. 办公费可使用现金结算　　　D. 核定现金库存限额
5. 下列说法错误的有(　　)。
   A. 现金账目必须健全,同时开设现金日记账和总账
   B. 现金收入和支出按需要逐笔登记
   C. 账目应日清月结
   D. 账款要相符

二、讨论题

1. 请举例说明现金缴款单的使用范围与使用步骤。
2. 收到转账支票应该如何处理?

✈ 实训提示

1. 填写现金解款单票面及张数的数额应与实际现金数额相符。
2. 填写银行进账单务必注意:

　　出票人和收款人要写全称,不能简写;出票人和收款人名称和账号不要填反;大写金额要顶头,小写金额前要封死,大、小写金额一定要一致;在进账单的第二联应加盖单位财务预留印鉴。

✈ 实训总结

　　个人撰写实训工作日志(样表附后)。
　　内容:实训日期、实训岗位、工作内容、工作小结(掌握内容、问题及建议)。

任务四
日常业务填审记账凭证

✈ 实训目的

通过日常业务填审记账凭证,要求了解记账凭证的基本分类,重点掌握专用记账凭证和通用记账凭证的基本内容、应用范围、填制要求,并能够正确选择、规范填制和审核记账凭证。

✈ 实训时间

2课时。

✈ 实训任务

一、了解记账凭证的基本分类和填制方法

二、判断记录日常业务的账户

三、记录日常业务会计信息

四、填制记账凭证

1. 通用记账凭证的填制方法

通用记账凭证是用以记录各种经济业务的凭证。在借贷记账法下,将经济业务所涉及的会计科目全部填列在凭证内,借方在先,贷方在后,将各会计科目所记载的应借应贷的金额填列在"借方金额"或"贷方金额"栏内。借、贷方金额合计数应相等,并填写附件张数等栏目内容,填制完毕填制人应签名盖章。其式样见表4-1所示。

表 4-1

记 账 凭 证

20××年 12 月 18日

总　号　　58
分　号　_____

摘 要	总账科目	明细科目	借 方 金 额										贷 方 金 额										记账符号
			百	十	万	千	百	十	元	角	分	百	十	万	千	百	十	元	角	分	
付前欠安庆公司货款	应付账款	安庆公司			5	0	0	0	0	0											
转支2113#	银行存款													5	0	0	0	0	0	
合　　计				¥	5	0	0	0	0	0			¥	5	0	0	0	0	0		

会计主管：　　　记账：　　　稽核：　闺莉　　　制单：　徐宁　　　附件1张

初学者可先写出凭证式会计分录,具体包括凭证号、日期、摘要(银行单据号码、数量)、借贷方、科目(总账及明细)、金额共六项内容,再填写记账凭证。本例凭证式会计分录如下:

借:应付账款——安庆公司　　　　　　　　　　　　5 000
　　贷:银行存款　　　　　　　　　　　　　　　　　　　5 000

2. 专用记账凭证的填制方法

① 收款凭证是专门用于登记货币资金收入的业务,根据货币资金收入业务的原始凭证填制而成的记账凭证。实际工作中,出纳人员应根据会计管理人员或指定人员审核批准的收款凭证,作为记录货币资金的收入依据。出纳人员根据收款凭证收款(尤其是收入现金)时,要在凭证上加盖"收讫"戳记,以避免差错。在借贷记账法下,收款凭证的设证科目是借方科目。在收款凭证左上方所填列的借方科目,应是"库存现金"或"银行存款"科目。在凭证内所反映的贷方科目,应填列与"库存现金"或"银行存款"相对应的科目。金额栏填列经济业务实际发生的数额,并填写附件张数等栏目内容,填制完毕填制人应签名盖章。收款凭证一般按库存现金和银行存款分别填制。其式样见表 4-2、表 4-3 所示。

表 4-2

收款凭证

借方科目：库存现金　　　　20××年 12 月 3日　　　　制单编号　现收1

摘 要	贷方科目		金 额										记账符号
	一级科目	二级科目及明细科目	十	亿	千	百	十	万	千	百	十	元	角	分	
孔庆云报旅费退余款	其他应收款	孔庆云									5	8	0	0	
合　　计										¥	5	8	0	0	

会计主管：　　　记账：　　　稽核：　闺莉　　　制单：　徐宁　　　附件1张

表 4-3

收款凭证

借方科目：银行存款　　　　20××年 12 月10日　　　　制单编号　银收5

摘 要	贷方科目		金 额										记账符号
	一级科目	二级科目及明细科目	十	亿	千	百	十	万	千	百	十	元	角	分	
收常春公司前欠货款	应收账款	常春公司					2	2	0	0	0	0			
合　　计							¥	2	2	0	0	0	0		

会计主管：　　　记账：　　　稽核：　闺莉　　　制单：　徐宁　　　附件1张

② 付款凭证是专门用于登记货币资金支出的业务,根据货币资金支出业务的原始凭证填制而成的记账凭证。实际工作中,出纳人员应根据会计主管人员或指定人员审核批准的付款凭证,作为记录货币资金支出并付出货币资金的依据。出纳人员根据付款凭证付款时,要在凭证上加盖"付讫"戳记,以免重付。在使用专用记账凭证的前提下,对于只涉及"库存现金"和"银行存款"之间收入和付出的经济业务,只填制付款凭证,不填制收款凭证,以免重复记账。在借贷记账法下,付款凭证的设证科目是贷方科目。在付款凭证左上方所填列的贷方科目,应是"库存现金"或"银行存款"科目。在凭证内所反映的借方科目,应填列与"库存现金"或"银行存款"相对应的科目。金额栏填列经济业务实际发生的数额,并填写附件张数等栏目内容,填制完毕填制人应签名盖章。其式样见表4-4、表4-5所示。

表4-4
付款凭证

贷方科目:库存现金　　　20××年 12 月 6 日　　　制单编号 现付5

摘　要	借方科目		金　额	记账符号
	一级科目	二级科目及明细科目	十万千百十万千百十元角分	
李明借差旅费	其他应收款	李明	1 0 0 0 0 0	
	合　计		¥1 0 0 0 0 0	

附件1张

会计主管:　　　记账:　　　稽核: 闫莉　　　制单: 徐宁

表4-5
付款凭证

贷方科目:银行存款　　　20××年 12 月 18 日　　　制单编号 银付22

摘　要	借方科目		金　额	记账符号
	一级科目	二级科目及明细科目	十万千百十万千百十元角分	
付前欠安庆公司货款转支2113#	应付账款	安庆公司	5 0 0 0 0 0	
	合　计		¥5 0 0 0 0 0	

附件1张

会计主管:　　　记账:　　　稽核: 闫莉　　　制单: 徐宁

③ 转账凭证是用来记录与货币资金收付无关的转账业务的凭证,它是根据有关转账凭证业务的原始凭证或者账簿记录的数据计算填制而成的记账凭证。在借贷记账法下,将经济业务所涉及的会计科目全部填列在凭证内,借方科目在先,贷方科目在后,将各会计科目所记载的应借应贷的金额填列在"借方金额"或"贷方金额"栏内。借、贷方金额合计数应相等,并填写附件张数等栏目内容,填制完毕填制人应签名盖章。其式样与通用记账凭证相同,见表4-6所示。

表 4 - 6
转 账 凭 证
20××年 12月10日　　　　　　　　总号 转账7

摘要	总账科目	明细科目	借 方 金 额											贷 方 金 额											记账符号	
			千	百	十	万	千	百	十	元	角	分	千	百	十	万	千	百	十	元	角	分		
结转入库材料成本500件	原材料	甲				6	0	0	0	0	0	0													附件1张
	在途物资	甲														6	0	0	0	0	0	0		
合　　计			¥	6	0	0	0	0	0	0			¥	6	0	0	0	0	0	0				

会计主管:　　　　　记账:　　　　稽核:　　闫莉　　　　　　制单:　　　徐宁

五、审核记账凭证

✈ 实训步骤

1. 根据实训一提供的原始凭证填制通用记账凭证,约 12 笔业务。
2. 根据实训一提供的原始凭证填制专用记账凭证,约 12 笔业务。
3. 每人交换审核记账凭证。

✈ 实训资料

见任务十七　单项实训活动之实训活动四。

✈ 实训思考

实训思考
参考答案 4

一、选择题

1. 下列应编制付款凭证的业务是( )。
   A. 从银行提取现金 1 000 元　　　　　B. 将现金 5 000 元存入银行
   C. 购买材料 8 000 元,开出转账支票　D. 向银行借入短期借款 10 000 元
   2. 某职工出差回来报销差旅费 1 240 元,当即补付现金 240 元,1 000 元为其预借款,该笔业务需编制的记账凭证有( )。
   A. 一张转账凭证、一张付款凭证　　　B. 一张转账凭证、一张收款凭证
   C. 两张收款凭证　　　　　　　　　　D. 两张付款凭证
   3. 审核记账凭证时,审核的内容一般包括( )。
   A. 记账凭证是否附有原始凭证,原始凭证的内容是否与记账凭证的内容相符

    B. 记账凭证是否附有原始凭证,原始凭证的时间是否与记账凭证的时间相符

    C. 根据原始凭证所做的会计分录是否正确

    D. 记账凭证中规定的项目是否已填列齐全

4. 下列单据中,经审核无误后可以作为编制记账凭证依据的有(　　)。

    A. 填制完毕的工资计算单　　　　　B. 银行转来的进账单

    C. 银行转来的对账单　　　　　　　D. 运费发票

5. 对于记账凭证的填制,下列说法正确的是(　　)。

    A. 填写日期一般是会计人员填制记账凭证的当天日期

    B. 记账凭证必须按年连续编号,以便于记账、查账,防止散落、丢失

    C. 不同内容、不同类型的经济业务可以合并,填制在一张记账凭证上

    D. 所有记账凭证上必须注明所附原始凭证的张数

二、讨论题

1. 记账凭证有哪些基本内容? 主要作用有哪些?

2. 记账凭证如何编号?

3. 专用记账凭证如何填制?

4. 下列业务应依据哪些原始凭证(增值税专用发票需说明联次)填制记账凭证?

① 出差借款和报销　　② 购入材料收到增值税专用发票相关各联　　③ 销售产品开出增值税专用发票相关各联

✈ 实训提示

1. 填制通用记账凭证和专用记账凭证。通用记账凭证按时间顺序编号,专用记账凭证应分收款凭证、付款凭证和转账凭证,各自按时间顺序编号。

2. 专用记账凭证的选择。判断一项业务是编制收付款凭证还是编制转账凭证,应以该业务是否涉及"库存现金"和"银行存款"为依据。凡涉及"库存现金"和"银行存款"的业务需编制收付款凭证,不涉及"库存现金"和"银行存款"的业务编制转账凭证。

3. 专用记账凭证选择特别规定。对于只涉及"库存现金"和"银行存款"之间收入和付出的经济业务,只填制付款凭证,不填制收款凭证。

4. 填制记账凭证的主要项目。日期、凭证编号、摘要、结算方式、票号、借方科目、贷方科目、明细科目、金额、所附原始凭证张数、制单人、审核人、记账人等项内容。记账凭证填列得越完整,今后登记账簿或查阅就越方便。

5. 审核记账凭证。审核上述项目是否填列完整正确,所使用的会计科目以及科目之间的对应关系是否正确,相关人员是否签字盖章。

6. 记账凭证所附原始凭证的整理。按照每一张记账凭证在上,所附的原始凭证在下,且左对齐、上对齐进行粘贴,大于记账凭证长和宽的折叠,按时间和凭证编号顺序进行排序。

7. 示范填制 1～3 号通用记账凭证。

记 账 凭 证

20××年 12 月 1 日

分号 _____

总号 ____1____

摘　要	总账科目	明细科目	借 方 金 额										贷 方 金 额										记账符号
			千	百	十	万	千	百	十	元	角	分	千	百	十	万	千	百	十	元	角	分	
李林报销旅费退余款	管理费用	差旅费					4	4	2	0	0												
	库存现金							5	8	0	0												
	其他应收款	李林															5	0	0	0	0	
合　　计						¥	5	0	0	0	0					¥	5	0	0	0	0	

附凭证 2 张

会计主管：　　　　记账：　　　　稽核：　学生姓名2　　　　制单：　学生姓名1

记 账 凭 证

20××年 12 月 2 日

分号 _____

总号 ____2____

摘　要	总账科目	明细科目	借 方 金 额										贷 方 金 额										记账符号
			千	百	十	万	千	百	十	元	角	分	千	百	十	万	千	百	十	元	角	分	
购甲材料500件付款	在途物资	甲材料				6	0	0	0	0	0												
抵扣联另订	应交税费	应交增值税					7	8	0	0	0												
		（进项税额）																					
信汇7474#	银行存款															6	7	8	0	0	0	0	
合　　计						¥	6	7	8	0	0	0				¥	6	7	8	0	0	0	

附凭证 2 张

会计主管：　　　　记账：　　　　稽核：　学生姓名2　　　　制单：　学生姓名1

记 账 凭 证

20××年 12 月 2 日

分号 _____

总号 ____3____

摘　要	总账科目	明细科目	借 方 金 额										贷 方 金 额										记账符号
			千	百	十	万	千	百	十	元	角	分	千	百	十	万	千	百	十	元	角	分	
甲材料入库500件	原材料	甲材料				6	0	0	0	0	0												
	在途物资	甲材料														6	0	0	0	0	0		
合　　计						¥	6	0	0	0	0	0				¥	6	0	0	0	0	0	

附凭证 1 张

会计主管：　　　　记账：　　　　稽核：　学生姓名2　　　　制单：　学生姓名1

8. 示范填制部分专用记账凭证。

收 款 凭 证

借方科目：库存现金　　　　20××年 12 月 1 日　　　　制单编号 现收1

摘　要	贷方科目		金　额											记账符号
	一级科目	二级科目及明细科目	十	亿	千	百	十	万	千	百	十	元	角	分	
李林报销旅费退余款	其他应收款	李林									5	8	0	0	
合　　计											¥	5	8	0	0

附凭证 1 张

会计主管：　　　　记账：　　　　稽核：　学生姓名2　　　　制单：　学生姓名1

转 账 凭 证

20××年 12 月 1 日

总号 ____转账1____

摘　要	总账科目	明细科目	借 方 金 额										贷 方 金 额										记账符号
			千	百	十	万	千	百	十	元	角	分	千	百	十	万	千	百	十	元	角	分	
李林报销差旅费	管理费用	差旅费					4	4	2	0	0												
	其他应收款	李林																4	4	2	0	0	
合　　计							¥	4	4	2	0	0					¥	4	4	2	0	0	

附凭证 1 张

会计主管：　　　　记账：　　　　稽核：　学生姓名2　　　　制单：　学生姓名1

付款凭证

贷方科目：银行存款　　　　　20××年 12 月 2 日　　　　　制单编号　__银付1__

摘要	借方科目		金额											记账符号
	一级科目	二级科目及明细科目	十亿	千	百	十	万	千	百	十	元	角	分	
购甲材料500件 付款	在途物资	甲材料					6	0	0	0	0	0		
信汇7474# 抵扣联另订	应交税费	应交增值税（进项税额）						7	8	0	0	0		
合　计						¥	6	7	8	0	0	0		

会计主管：　　　　　记账：　　　　　稽核：学生姓名2　　　　制单：学生姓名1

附凭证2张

转账凭证

20××年 12 月 2 日　　　　　　总号　__转账2__

摘要	总账科目	明细科目	借方金额										贷方金额										记账符号
			千	百	十	万	千	百	十	元	角	分	千	百	十	万	千	百	十	元	角	分	
甲材料入库500件	原材料	甲材料				6	0	0	0	0	0						6	0	0	0	0	0		
	在途物资	甲材料																					
合　计			¥	6	0	0	0	0	0				¥	6	0	0	0	0	0				

会计主管：　　　　　记账：　　　　　稽核：学生姓名2　　　　制单：学生姓名1

附凭证1张

付款凭证

贷方科目：银行存款　　　　　20××年 12 月 5 日　　　　　制单编号　__银付2__

摘要	借方科目		金额									记账符号
	一级科目	二级科目及明细科目	千	百	十	万	千	百	十	元	角	分	
纳增值税　银税0118#	应交税费	应交增值税（已交税金）					5	4	0	0	0		
合　计						¥	5	4	0	0	0		

会计主管：　　　　　记账：　　　　　稽核：学生姓名2　　　　制单：学生姓名1

附凭证1张

付款凭证

贷方科目：银行存款　　　　　20××年 12 月 5 日　　　　　制单编号　__银付3__

摘要	借方科目		金额									记账符号
	一级科目	二级科目及明细科目	千	百	十	万	千	百	十	元	角	分	
纳城教税费　银税9859#	应交税费	应交城建税					3	7	8	0	0		
	应交税费	应交教育费附加					2	1	6	0	0		
合　计							5	9	4	0	0		

会计主管：　　　　　记账：　　　　　稽核：学生姓名2　　　　制单：学生姓名1

附凭证1张

✕ 实训总结

个人撰写实训工作日志(样表附后)。

内容:实训日期、实训岗位、工作内容、工作小结(掌握内容、问题及建议)。

任务五
设置总账、日记账和明细账

✈ 实训目的

通过设置总账、日记账和明细账,帮助学生着重掌握总账的设置方法;现金日记账和银行存款日记账的设置方法;明细账的设置方法。

✈ 实训时间

4课时。

✈ 实训任务

一、设置总账

总账按单位业务所涉及的全部一级账户设置,目前实际工作中采用订本式,借贷余三栏式账页。设置完毕必须进行试算平衡。

为便于查找账户,会计业务量大的公司,账簿上应该贴口取纸,可以按一级科目或材料大类,按账页顺序由前往后,自上而下地粘贴。当合起账簿时,全部口取纸应该整齐,均匀,并能够显露出科目名称,不要在账簿上下两侧贴口取纸,而应在右侧粘贴,这样可保证整齐,存档时可以戳立放置,以便抽取。

1. 设置

采用借贷余三栏式账页,按所有一级账户开设。有年初余额的账户先在第一行摘要栏写明"上年结转",在余额栏填写余额,在借或贷栏填写余额方向,填写余额的方向要根据账户的性质,其中资产类账户的余额一般在"借"方,在余额栏前面填"借",资产类账户中的"累计折旧"账户属于资产的抵减账户,其余额与资产类账户相反,在余额栏前面填"贷";负债类和所有者权益类账户的余额一般在"贷"方,在余额栏前面填"贷"。有11月末余额的账户也应按上述方法填写余额,只是摘要栏写"期初余额"。部分账户式样见表5-1、表5-2。

表5-1　库存现金总账

库存现金

××年		凭证		摘要	日页	借方											贷方											借或贷	余额										
月	日	种类	号数			十	亿	千	百	十	万	千	百	十	元	角	分	√	十	亿	千	百	十	万	千	百	十	元	角	分	√		十	亿	千	百	十	万	千	百	十	元	角	分	√
1	1			上年结转																												借							6	0	0	0	0	
12	1			期初余额																												借							8	7	4	0	0	

表5-2　应收账款总账

应收账款

××年		凭证		摘要	日页	借方											贷方											借或贷	余额										
月	日	种类	号数			十	亿	千	百	十	万	千	百	十	元	角	分	√	十	亿	千	百	十	万	千	百	十	元	角	分	√		十	亿	千	百	十	万	千	百	十	元	角	分	√
12	1			期初余额																												借					3	0	1	2	0	0	0	

表5-3　原材料总账

原材料

××年		凭证		摘要	日页	借方											贷方											借或贷	余额										
月	日	种类	号数			十	亿	千	百	十	万	千	百	十	元	角	分	√	十	亿	千	百	十	万	千	百	十	元	角	分	√		十	亿	千	百	十	万	千	百	十	元	角	分	√
12	1			期初余额																												借						5	4	0	0	0	0	

2. 试算平衡

将有年初、期初余额的全部账户设置完毕,必须进行年初、期初余额试算平衡。

年初余额平衡公式:全部账户年初借方余额合计＝全部账户年初贷方余额合计

期初余额平衡公式:全部账户期初借方余额合计＝全部账户期初贷方余额合计

二、设置日记账

日记账是分别根据"库存现金"和"银行存款"一级科目和有关明细科目设置的账簿,即现金日记账和银行存款日记账。目前实际工作中日记账必须采用订本式,采用借贷余三栏式账页,设置完毕必须与总账有关账户余额核对相符。

（一）设置

1. 现金日记账是用来核算和监督库存现金每日的收入、支出和结存情况的账簿。一级账户是"库存现金"。无明细账户。采用借贷余三栏式账页。式样见表5-4。

表5-4 现金日记账

库存现金

××年		凭证		摘要	对方科目	日页	借方		贷方		借或贷	余额	
月	日	种类	号数				十亿千百十万千百十元角分	√	十亿千百十万千百十元角分	√		十亿千百十万千百十元角分	√
1	1			上年结转							借	6 0 0 0 0	√
12	1			期初金额							借	8 7 4 0 0	√

2. 银行存款日记账是用来核算和监督银行存款每日的收入、支出和结余情况的账簿。银行存款日记账应按单位在银行开立的账户和币种分别设置，每个银行账户设置一本日记账。一级账户是"银行存款"。一般按照开户银行设置明细账户。采用借贷余三栏式账页。式样见表5-5。

表5-5 银行存款日记账

总第____页 分第____页
级科目编号及名称 工商银行
级科目编号及名称

银行存款

××年		凭证		摘要	结算凭证	对方科目	日页	借方		贷方		借或贷	余额	
月	日	种类	号数					百十万千百十元角分	√	百十万千百十元角分	√		百十万千百十元角分	√
1	1			上年结转								借	1 4 3 8 2 1 0 0	√
12	1			期初金额								借	2 1 5 1 7 9 0 0	√

（二）核对

日记账"库存现金"账户设置完毕，其余额应与总账"库存现金"账户的余额核对相符；"银行存款"账户设置完毕，其余额应与总账"银行存款"账户的余额核对相符。然后分别在余额旁打"√"，以示核对相符。

三、设置明细账

明细账是按照二级账户或明细账户设置的账簿，它除了应用货币计量单位外，有时还需应用实物计量单位。明细分类账是总分类账的明细记录，它是按照总分类账的核算内容，按照更加详细的分类，连续地记录各项会计要素的详细情况，为编制会计报表提供必要资料。

平时其外表形式为活页式，采用三种不同格式的账页，设置完毕必须与总账有关账户余额核对相符。

（一）设置

明细分类账的格式主要根据它所反映的经济业务的特点，以及实物管理的不同要求设计。

一般有借贷余三栏式、多栏式和数量金额式(收入发出结存三栏式)三种。见"广和市永新公司所设账户一览表"。分别举例说明如下:

1. 借贷余三栏式

借贷余三栏式明细账,主要适用于只需要进行金额核算、不需要进行数量核算的科目。如"应收账款"、"应付账款"、"应交税费"等科目。三栏式明细账设置借方、贷方和余额三个金额栏,其格式与总账格式相同。账页格式与总账相同,只是应当根据实际需要不仅设置总账账户,还要设置明细账户。如"应收账款"账户,采用借贷余三栏式账页,在账页上端双线上填写一级账户名称,在账页左上方明细科目位置设置明细科目,此处为泰安立新公司,再依次填写年度、月、日、摘要、余额及余额的借贷方向。式样见表5-6、表5-7。

表5-6　应收账款明细账

总第_____页 分第_____页
_____级科目编号及名称　　泰安立新公司
_____级科目编号及名称　　　　应收账款

××年		凭证		摘要	日页	借方											√	贷方											√	借或贷	余额											√
月	日	种类	号数			十	亿	千	百	十	万	千	百	十	元	角	分	十	亿	千	百	十	万	千	百	十	元	角	分		十	亿	千	百	十	万	千	百	十	元	角	分
12	1			期初金额																										借				3	0	1	2	0	0	0	√

表5-7　其他应收款明细账

总第_____页 分第_____页
_____级科目编号及名称　　李林
_____级科目编号及名称　　　　其他应收款

××年		凭证		摘要	日页	借方											√	贷方											√	借或贷	余额											√
月	日	种类	号数			十	亿	千	百	十	万	千	百	十	元	角	分	十	亿	千	百	十	万	千	百	十	元	角	分		十	亿	千	百	十	万	千	百	十	元	角	分
12	1			期初金额																										借						5	0	0	0	0	√

2. 数量金额式

数量金额式明细账适用于既要进行金额核算又要进行数量核算的账户。如"原材料"、"库存商品"等存货账户。具体格式是在收入、发出和结存三栏内,都分设数量、单价和金额三小栏,借以反映财产物资的数量和金额。如"原材料"账户,在账页上端双线上填写一级账户名称,在账页上货名的位置填写明细账户,再依次填写年度、月、日、摘要、余额及余额的数量并计算单价。式样见表5-8、表5-9。

表5-8　原材料明细账

编号_____ 页次_____ 总页_____　　　原材料
货名　甲
类别_____ 规格_____ 最高存量_____ 最低存量_____ 存储地点_____ 计量单位　件

××年		凭证		摘要	收入		金额										√	发出		金额										√	结存		金额								
月	日	种类	号数		数量	单价	千	百	十	万	千	百	十	元	角	分		数量	单价	千	百	十	万	千	百	十	元	角	分		数量	单价	千	百	十	万	千	百	十	元	角	分
12	1			期初金额																										45	120			5	4	0	0	0	0	

表 5-9　在途物资明细账

编号　　　　页次　　　　　总页　　　　　　　　　**在途物资**

货名　**甲**

类别　　　规格　　　　　　最高存量　　　最低存量　　　存储地点　　　计量单位　　　件

××年		凭证		摘　要	收　入														√	发　出														√	结　存													
月	日	种类	号数		数量	单价	金　额											数量	单价	金　额												数量	单价	金　额								
							千	百	十	万	千	百	十	元	角	分				千	百	十	万	千	百	十	元	角	分				千	百	十	万	千	百	十	元	角	分

3. 多栏式

多栏式明细分类账主要是在同一账页上,将属于同一个总账科目的明细科目或明细项目在借方、贷方或其中某一方设置多栏以提供详细资料。这些栏目的账户都是同级的。但是,专栏设置在借方,还是设在贷方,或是两方同时设专栏,设多少,则根据需要确定。当某一账户明细栏比较多,一页账页上的栏目不够,为便于核算,在账户设置时,应从多栏式账页的反面开始使用,衔接页从正面使用。

具体又有合计式和借贷式两种。这种账页格式适用于只记金额,不计数量,而且在管理上需要了解其构成内容的成本、费用、收入、利润科目,如"生产成本"、"制造费用"、"管理费用"和"主营业务收入"、"营业外收入"、"本年利润"等科目。

① 合计式

合计式多栏式账页,按照账户增加方设置多栏明细。成本费用明细账一般只设借方专栏,贷方发生额由于每月发生的笔数很少,可以在借方专栏直接用红字登记,表示该账户的减少数;"主营业务收入"和"营业外收入"等科目的明细分类核算,一般只设贷方专栏,借方发生额由于每月发生的笔数很少,可以在贷方专栏直接用红字登记,表示该账户的减少数。"生产成本"、"制造费用"账户式样见表 5-10、表 5-11。

表 5-10　生产成本明细账

　　　　　　　　　生产成本　　　　　　　　　明细科目　**A产品**

××年		凭证		摘　要	合　计							原材料							工资及附加							制造费用						
月	日	种类	号数		十万	千	百	十	元	角	分	十万	千	百	十	元	角	分	十万	千	百	十	元	角	分	十万	千	百	十	元	角	分

表 5-11　制造费用明细账

　　　　　　　　　制造费用

××年		凭证		摘　要	合　计								工资及附加																												
月	日	种类	号数		百	十	万	千	百	十	元	分	十万	千	百	十	元	角	分	百	十	万	千	百	十	元	角	分	百	十	万	千	百	十	元	角	分	百	十	万	千	百	十	元	角	分

② 借贷式

借贷式多栏式账页,按照借方、贷方分别设置多栏明细,同时设置余额栏。如果一张多栏式账页栏目不够写,需要再用一张多栏式接着填写,为便于记账,第一张账页应从反面开始使用,第二张账页从正面开始使用。如"应交税费—应交增值税"账户。"应交税费—应交增值税"明细账的账页格式为借贷余多栏式,按照税法规定,增值税有许多专栏,为便于计算应交的增值税,具体明细栏目设为借方贷方余额多栏式。其发生额分别在借方专栏和贷方专栏反映,余额在余额栏反映,如为贷方余额用蓝字表示,如为借方余额用红字表示。式样见表5-12、表5-13。

表5-12　第一张账页反面

应交税费明细账

应交税费　　　　　　　　　　　　　　　　　明细科目　应交增值税

××年		凭证		摘要	1.借方合计										2.进项税额										3.已交税金										4.贷方合计										5.销项税额									
月	日	种类	号数		百	十	万	千	百	十	元	角	分	百	十	万	千	百	十	元	角	分	百	十	万	千	百	十	元	角	分	百	十	万	千	百	十	元	角	分	百	十	万	千	百	十	元	角	分
12	1			期初余额																																														

表5-13　第二张账页正面

应交税费明细账

应交税费　　　　　　　　　　　　　　　　　明细科目　应交增值税

6.余额																																																	
百	十	万	千	百	十	元	角	分																																										
		5	4	0	0	0	0																																										

(二) 核对

明细账设置完毕必须与相关总账账户余额核对相符。即总账账户余额与其所属明细账余额合计相等。然后分别在各账户余额旁打"√",以示核对相符。

✈ 实训步骤

一、根据已知期初资料设置账簿

根据实训操作四中的表4-1以及实训操作五确定账页格式、账户名称、余额等内容,设置总账、日记账和明细账。如果某些账户无期初余额,可以暂不设置此账户。如设置,只需写出账户名称,以后再登记借方或贷方的发生额。

二、检查账簿设置的正确性

1. 首先依据试算平衡原理检查总账期初余额。
2. 在总账期初余额试算平衡的基础上,将日记账和明细账各账户期初余额与总账相应账户核对。

✈ 实训资料

见任务十七 单项实训活动之实训活动五。

✈ 实训思考

实训思考
参考答案5

一、选择题

1. 本实训中,设置应收账款明细账应填写的账页项目是( )。
   A. "应收账款"总账账户及所属明细账户
   B. 日期、种类、号数和摘要
   C. 借方或贷方发生额
   D. 余额和余额的方向
2. 本实训中,设置应交税费—应交增值税明细账采用的账页格式是( )。
   A. 借方多栏式　　　　　　　　B. 贷方多栏式
   C. 借贷余多栏式　　　　　　　D. 借贷余三栏式
3. 生产成本—基本生产成本按产品名称设置的所属明细科目有( )。
   A. 工资及附加　　B. 原材料　　　　C. 制造费用　　　D. 折旧费
4. 本实训中,设置借方多栏式明细账的有( )。
   A. 主营业务收入　B. 生产成本　　　C. 制造费用　　　D. 管理费用
5. 下列账户需设置数量金额式的明细账是( )。
   A. 在途物资　　　B. 原材料　　　　C. 库存商品　　　D. 生产成本

二、讨论题

1. 某公司刚刚成立,请你现在为其建账,建账前你应考虑哪些问题?
2. 结合实训说明企业如何建账?
3. 应收账款、原材料、应交税费、管理费用等账户的明细账应如何设置?
4. 如何检查账簿设置是否正确?

✈ 实训提示

1. 设置总账,按照广和市永新有限责任公司业务所涉及的全部一级账户设置,采用借贷余三栏式账页。设置完毕必须试算平衡。其中年初余额试算平衡数字为 200 000,12 月 1 日期初余额试算平衡数字为 368 014。

2. 设置日记账,分别开设"库存现金"和"银行存款"账户,采用借贷余三栏式账页。设置完毕必须与总账有关账户余额核对相符。

3. 设置明细账,根据单位实际情况开设。对于需要详细记录的资料,必须设置明细账。采用三种不同格式的账页。设置完毕必须与总账有关账户余额核对相符。

✈ 实训总结

个人撰写实训工作日志(样表附后)。

内容:实训日期、实训岗位、工作内容、工作小结(掌握内容、问题及建议)。

任务六

登记日记账和明细账

✈ 实训目的

通过登记日记账,掌握现金日记账和银行存款日记账的登记方法。通过登记明细账,掌握借贷余三栏式、多栏式和数量金额式三种格式账页的登记方法。

✈ 实训时间

4 课时。

✈ 实训任务

一、认知会计账簿的登记规则

1. 真实、准确、完整、及时。
2. 在记账凭证上注明记账符号(如打"√"等)并签名。
3. 文字数字书写上方留空。
4. 正常记账使用蓝黑墨水。
5. 特殊记账使用红墨水。
6. 按页次顺序连续登记。
7. 结出余额。

凡需要结出余额的账户,结出余额后,应当在账页余额栏前的"借或贷"栏内写明"借"或"贷"等字样。余额为 0 的账户,应当在"借或贷"栏内写"平"字,并在余额栏的"元"位用"0"或"ϴ"表示。现金日记账和银行存款日记账必须逐日结出余额,其余账户期末必须结出余额。

8. 账页衔接。

每一账页登记完毕结转下页时,应加计本页借方贷方发生额合计数,结出余额(如果有期初余额,应计算在内),填在本页的最末一行,并在摘要栏内注明"过次页"字样,然后把发生额合计数和余额填在下页第一行有关栏内,并在摘要栏内注明"承前页"字样,以保持账簿记录的连续性,便于对账和结账。

对需要结计本月发生额的账户,结计"过次页"的本页合计数应当为自本月初起至本页末止的发生额合计数;对需要结计本年累计发生额的账户,结计"过次页"的本页合计数应当为自年初起至本页末止的累计数;对既不需要结计本月发生额也不需要结计本年累计发生额的账户,可以只将每页末的余额结转次页。式样见表6-1、表6-2。

表6-1 现金日记账过次页

库存现金

xx年		凭证		摘要	日页	借方												贷方												借或贷	余额											
月	日	种类	号数			十亿	千	百	十	万	千	百	十	元	角	分	√	十亿	千	百	十	万	千	百	十	元	角	分	√		十亿	千	百	十	万	千	百	十	元	角	分	√
1	1			上年结转																									借						6	0	0	0	0		√
1	3	记	10	提现						1	0	0	0	0	0														借						1	6	0	0	0	0	
	8		16	刘华借款																				5	0	0	0	0	借						1	1	0	0	0	0	
	12		20	付邮寄费																				1	2	0	0	0	借							9	8	0	0	0	
				略																																						
				过次页						1	2	0	0	0	0									7	5	0	0	0	借							5	0	0	0	0	

表6-2 现金日记账承前页

库存现金

xx年		凭证		摘要	日页	借方										贷方										借或贷	余额									
月	日	种类	号数			千	百	十	万	千	百	十	元	角	分	千	百	十	万	千	百	十	元	角	分	√		千	百	十	万	千	百	十	元	角	分	√
				承前页		1	2	0	0	0	0					7	5	0	0	0							借			5	0	0	0	0			
1	30	记	80	变现金												1	0	0	0	0							借			4	0	0	0	0			
1	30	记	88	金栋借款												3	0	0	0	0							借			1	0	0	0	0		√	
				本月合计		1	2	0	0	0	0					1	1	5	0	0	0						借			1	0	0	0	0			
2	1	记	5	王丽报旅费退款			2	0	0	0	0																借			1	2	0	0	0			
				略																																	

9. 依据记账凭证记账，证账保持一致。

二、登记日记账和明细账

（一）日记账的登记

登记账时要注意看清一级账户及发生额的方向且每天必须结出余额。登记完毕，在记账凭证上此笔金额的同一行的记账符号栏前一格打"√"，表示此项金额已记账，还应该在记账凭证下方的"记账"处盖名章（或签名）以示负责。

1. 现金日记账

由出纳人员根据同现金收付业务有关的记账凭证，按时间顺序逐日逐笔进行登记，即根据库存现金收款凭证和与库存现金有关的银行存款付款凭证（从银行提取现金的业务）登记库存现金收入，根据库存现金付款凭证登记库存现金支出。现金日记账账目要做到日清月结，日清是指出纳人员根据"上日余额＋本日收入－本日支出＝本日余额"公式，逐日结出库存现金余额，与现金实际库存额核对，以检查每日库存现金收付是否有误，保证账实相符；月结是指出纳人员在每月业务结束后结出日记账余额与总账余额核对相符。

现金日记账的格式一般为三栏式，设置借方、贷方和余额三个基本金额栏目。在金额栏与摘要栏之间常常插入"对方科目"，以便记账时标明库存现金收入的来源科目和库存现金支出的用途科目。具体式样见表6-3。

表6-3　现金日记账

库存现金

××年		凭证		摘要	对方科目	日页	借方 千百十万千百十元角分√	贷方 千百十万千百十元角分√	借或贷	余额 千百十万千百十元角分√
月	日	种类	号数							
1	1			上年结转					借	6 0 0 0 0 √
12	1			期初余额					借	8 7 4 0 0 √
12	1	记	1	报差旅费退款	其他应收款		5 8 0 0		借	9 3 2 0 0
	31		10	提现	银行存款		2 0 0 0 0		借	1 1 3 2 0 0

2. 银行存款日记账

由出纳人员根据与银行存款收付业务有关的记账凭证，按时间顺序逐日逐笔进行登记。根据银行存款收款凭证和有关的现金付款凭证（现金存入银行的业务）登记银行存款收入栏，根据银行存款付款凭证登记其支出栏。银行存款日记账账目要做到日清月结，日清是指每日结出存款余额，避免因超过实有余额付款而出现透支造成罚款；月结是指出纳人员在每月业务结束后结出日记账余额与总账余额核对相符，并将日记账与银行存款对账单逐笔核对，保证账实相符。

银行存款日记账的格式与现金日记账相同。账页中增加的"结算凭证"一栏，是标明每笔业务结算凭证及编号，以便于月末与银行对账。具体式样见表6-4。

表6-4　银行存款日记账

总第　　　　　　页分第　　　　　　　　　　页
级科目编号及名称　　　　　　　　　　　　银行存款
级科目编号及名称工商银行

××年		凭证		摘要	结算凭证	对方科目	日页	借方 百十万千百十元角分√	贷方 百十万千百十元角分√	借或贷	余额 百十万千百十元角分√
月	日	种类	号数								
1	1			上年结转						借	1 4 3 8 2 1 0 0 √
12	1			期初余额						借	2 1 5 1 7 9 0 0 √
12	2	记	2	购材料	信汇7474#	在途物资			6 7 8 0 0 0 0	借	1 4 7 3 7 9 0 0
	5		4	纳增值税	税字0118#	应交税费			5 4 0 0 0 0	借	
	5		5	纳城建税	专字9859#	应交税费			5 9 4 0 0	借	1 4 1 3 8 5 0 0
	10		6	发工资	专凭4882#	应付职工薪酬			1 9 0 1 5 2 0	借	1 2 2 3 6 9 8 0
	31		10	提现	现支0118#	库存现金			2 0 0 0 0	借	1 2 2 1 6 9 8 0
	31		11	还利民贷款	转字1222#	应付账款			3 0 0 0 0 0	借	9 2 1 6 9 8 0
	31		12	收立新贷款	进账单	应收账款		5 0 0 0 0 0 0		借	1 4 2 1 6 9 8 0

（二）明细分类账的登记

明细分类账依据记账凭证登记，也可以依据原始凭证或原始凭证汇总表登记。登账时注意不仅要看清一级账户，还要看清明细账户和发生额的方向，一般平时只要求登记借方或贷方的发生额，期末再结出余额。

1. 三栏式明细账

登账时注意不仅要看清一级账户，还要看清明细账户和发生额的方向，一般期末结出余额，其余要求与日记账相同。具体式样见表6-5、表6-6。

表 6‑5   应收账款明细账

总第 _____ 页　分第 _____ 页

级科目编号及名称　泰安立新公司　　　应收账款

级科目编号及名称 _____

××年		凭证		摘要	日页	借方	贷方	借或贷	余额
月	日	种类	号数			十亿千百十万千百十元角分 √	十亿千百十万千百十元角分 √		十亿千百十万千百十元角分 √
12	1			期初余额				借	3 0 1 2 0 0 0
12	22	记	8	销售		1 0 1 7 0 0 0 0			
	31		12	收立新货款			5 0 0 0 0 0 0	借	8 1 8 8 0 0 0

表 6‑6   其他应收款明细账

总第 _____ 页　分第 _____ 页

级科目编号及名称　李林　　　其他应收款

级科目编号及名称 _____

××年		凭证		摘要	日页	借方	贷方	借或贷	余额
月	日	种类	号数			十亿千百十万千百十元角分 √	十亿千百十万千百十元角分 √		十亿千百十万千百十元角分 √
12	1			期初余额				借	5 0 0 0 0
12	1	记	1	报差旅费			5 0 0 0 0	平	σ

2. 数量金额式明细账

依据记账凭证借方金额登记收入栏,其中的单价需根据金额和数量计算(即金额除以数量得出);依据记账凭证贷方发生额登记发出栏。结存栏的期末余额和数量是根据期初余额和数量加本期收入栏的发生额和数量减本期发出栏的发生额和数量,分别计算得出期末余额和数量。"单价"是根据结存栏的金额除以数量得出,小数点后四舍五入,保留两位。具体式样见表 6‑7、表 6‑8。

表 6‑7   原材料明细账

编号 _____　页次 _____　总页 _____　　　原材料

品名　甲

类别 _____　规格 _____　　最高存量 _____　最低存量 _____　存储地点 _____　计量单位　件

××年		凭证		摘要	收入				发出				结存		
月	日	种类	号数		数量	单价	金额 千百十万千百十元角分	√	数量	单价	金额 千百十万千百十元角分	√	数量	单价	金额 千百十万千百十元角分
12	1			期初余额									45	120	5 4 0 0 0 0
12	2	记	3	入库	500	120	6 0 0 0 0 0								
	12		7	生产领用					400	120	4 8 0 0 0 0				

表 6‑8   在途物资明细账

编号 _____　页次 _____　总页 _____　　　在途物资

品名　甲

类别 _____　规格 _____　　最高存量 _____　最低存量 _____　存储地点 _____　计量单位　件

××年		凭证		摘要	收入				发出				结存		
月	日	种类	号数		数量	单价	金额 千百十万千百十元角分	√	数量	单价	金额 千百十万千百十元角分	√	数量	单价	金额 千百十万千百十元角分
12	2	记	2	购料	500	120	6 0 0 0 0 0								
	2		3	入库					500	120	6 0 0 0 0 0				

3. 多栏式明细账

登记多栏式账户金额时,应在同一行的明细栏和合计栏各登记一次,即同样的金额登记两次。

① 合计式:"制造费用"、"生产成本"、"管理费用"等明细账的账页格式为合计式多栏式,由于这种账页不设借贷方向,故要求增加账户的发生额用蓝字登记,减少账户的发生额用红字登记。具体式样见表6-9、表6-10。

表6-9 生产成本明细账

生产成本

××年		凭证		摘要	合计									原材料									工资及附加									制造费用																		
月	日	种类	号数		十	万	千	百	十	元	角	分	十	万	千	百	十	元	角	分	十	万	千	百	十	元	角	分	十	万	千	百	十	元	角	分	十	万	千	百	十	元	角	分
12	12	记	7	领用材料		4	8	0	0	0	0	0		4	8	0	0	0	0	0																								
	26	记	9	分配工资		1	1	4	2	2	8	0										1	1	4	2	2	8	0																

表6-10 制造费用明细账

制造费用

××年		凭证		摘要	合计								工资及附加																						
月	日	种类	号数		百	十	万	千	百	十	元	角	分	百	十	万	千	百	十	元	角	分	百	十	万	千	百	十	元	角	分	百	十	万	千	百	十	元	角	分
12	26	记	9	分配工资			2	7	1	3	2	0				2	7	1	3	2	0																					

② 借贷式:"应交税费—应交增值税"科目的明细分类核算,同时设借方明细、贷方明细和余额专栏。

其中"进项税额"专栏记录企业购入货物或接受应税劳务而支付的、准予从销项税额中抵扣的增值税额。企业购入货物或接受应税劳务支付的进项税额,用蓝字登记;退回所购货物应冲销的进项税额,用红字登记。

"已交税金"专栏记录企业已交纳的增值税额。企业已交纳的增值税额用蓝字登记;退回多交的增值税额用红字登记。

"销项税额"专栏记录企业销售货物或提供应税劳务应收取的增值税额。企业销售货物或提供应税劳务应收取的销项税额,用蓝字登记;退回销售货物应冲销销项税额,用红字登记。

具体式样见表6-11、表6-12。

表6-11 第一张账页反面

应交税费明细账

应交税费　　　　　　　　　　　明细科目 应交增值税

××年		凭证		摘要	1.借方合计								2.进项税额								3.已交税金								4.贷方合计								5.销项税额							
月	日	种类	号数		百	十	万	千	百	十	元	角	百	十	万	千	百	十	元	角	百	十	万	千	百	十	元	角	百	十	万	千	百	十	元	角	百	十	万	千	百	十	元	角
12	1			期初金额																																							
12	2	记	2	购料			7	8	0	0	0	0			7	8	0	0	0	0																						
12	5	记	4	交税			5	4	0	0	0	0											5	4	0	0	0	0														
	22	记	8	销售																										1	1	7	0	0	0	0			1	1	7	0	0	0	0

表 6 – 12　第二张账页正面
应交税费明细账

应交税费　　　　　　　　　　　　　明细科目　应交增值税

6.余额																																												
百	十	万	千	百	十	元	角	分																																				
		5	4	0	0	0	0																																					

✈ 实训步骤

1. 登记日记账。
2. 登记明细账。

✈ 实训资料

见任务十七　单项实训活动之实训活动六。

✈ 实训思考

实训思考
参考答案 6

一、选择题

1. 下列账簿中,应由出纳岗位负责登记的有(　　　),应由会计岗位负责登记的有(　　　),应由总账岗位负责登记的有(　　　)。
　　A. 库存现金日记账　　　　　　　　B. 应收账款明细账
　　C. 银行存款日记账　　　　　　　　D. 总账
2. 登记账簿时,需按时间顺序逐日逐笔进行登记,并要做到日清月结的账簿有(　　　)。
　　A. 总账　　　　　　　　　　　　　B. 原材料明细账
　　C. 库存现金日记账　　　　　　　　D. 银行存款日记账
3. 登记明细分类账时,可依据(　　　)。
　　A. 记账凭证　　　　　　　　　　　B. 记账凭证汇总表
　　C. 原始凭证　　　　　　　　　　　D. 原始凭证汇总表
4. 下列明细账中,适合用三栏式明细账的有(　　　),适合用数量金额式明细账的有(　　　),适合用多栏式明细账的有(　　　)。
　　A. 应收账款明细账　　　　　　　　B. 制造费用明细账

C. 其他应收款明细账　　　　　　D. 库存商品明细账

5. 登记多栏式明细账时,下列应该用蓝字登记的有(　　　),应该用红字登记的有(　　　)。

A. 发生制造费用 800 元　　　　　B. 发生增值税进项税额 1 700 元

C. 结转管理费用 1 000 元　　　　D. 结转生产成本 3 400 元

二、讨论题

1. 会计账簿的登记规则有哪些?
2. 登记日记账应注意什么问题?
3. 登记明细账应注意什么问题?

✈ 实训提示

1. 在账户中每登记完一笔经济业务金额,必须在所依据的记账凭证上有关金额旁做记账标记,一般为"√",以示此笔金额已入账。假定登记日记账和明细账在记账凭证上的"记账符号"所属第一栏相应金额旁打"√",同时在记账凭证下方的"记账"处签名。

2. 日记账要按经济业务发生时间的先后顺序,逐日逐笔登记账簿。登记时要做到"日清月结"。即现金日记账每日结出余额,与实际数额核对;银行存款日记账每日结出余额,月末与银行对账单余额核对。

3. 明细账的格式有三栏式、多栏式和数量金额式。

(1) 登记三栏式账页注意看清一级账户和所属的明细账户,以免登错账户;

(2) 登记数量金额式账页主要依据记账凭证的借方登记收入栏,记账凭证的贷方登记发出栏,均需登记金额、数量、单价三小栏;

(3) 登记多栏式账页注意在不设借贷等栏的多栏式账页中,登记减少金额用红色墨水。

✈ 实训总结

个人撰写实训工作日志(样表附后)。

内容:实训日期、实训岗位、工作内容、工作小结(掌握内容、问题及建议)。

任务七

期末业务填审记账凭证

✈ 实训目的

通过开设期末业务填审记账凭证实训,要求根据明细账的发生额和实训资料提供的业务原始凭证,进行计算,规范地填审原始凭证和记账凭证,登记明细账。

✈ 实训时间

6 课时。

✈ 实训任务

1. 判断记录期末业务的账户。
2. 记录期末业务会计信息。
3. 填审记账凭证。

每个会计期末,应以权责发生制为基础调整和结转有关账项。本期内所有的转账业务,均需填制记账凭证记入有关账簿,以正确反映当期经营成果。具体包括:

(1) 应计收入和应计费用的调整。
(2) 收入和成本的调整。
(3) 计算并结转产品成本。
(4) 记录利润的形成和分配业务。

✈ 实训步骤

1. 依据期末业务填审通用记账凭证,凭证编号按照此前任务四连续编号。每填制一张记账凭证应及时登记有关明细账户。

2. 依据期末业务填审专用记账凭证,凭证编号按照此前任务四连续编号。每填制一张记账凭证应及时登记有关明细账户。

✈ 实训资料

见任务十七　单项实训活动之实训活动七。

✈ 实训思考

一、选择题

1. 下列各科目的余额,期末应结转到"本年利润"科目的有(　　)。
   A. 营业外收入　　　B. 所得税费用　　　C. 营业外支出　　　D. 制造费用
2. 关于"利润分配——未分配利润"账户的下列说法中不正确的是(　　)。
   A. 期末余额可能在借方也可能在贷方
   B. 期末余额在借方表示未弥补亏损的数额
   C. 期末余额一定在贷方
   D. 期末余额在贷方表示未分配利润的数额
3. 填制完工产品成本计算表一般依据(　　)。
   A. "生产成本"总账账户期初余额　　　B. "生产成本"明细账账户期初余额
   C. "生产成本"总账账户本期发生额　　　D. "生产成本"明细账账户本期发生额
4. 填制结转销售产品成本业务的记账凭证应依据(　　)。
   A. "生产成本"明细账账户期初余额　　　B. "主营业务收入"明细账账户
   C. "库存商品"明细账账户本期发生额　　　D. 销售成本计算表
5. 下列不影响利润总额计算的因素有(　　)。
   A. 所得税费用　　　B. 管理费用　　　C. 主营业务成本　　　D. 营业外收入

二、讨论题

1. 期末业务主要有哪些?
2. 损益类账户为何转入"本年利润"账户? 如何转入? 需填几张记账凭证?
3. 期末,"本年利润"账户的余额该如何处理? 此账户是否有余额?
4. 年终进行利润分配和结转会涉及哪些业务?

✈ 实训提示

1. 期末业务的记账凭证应及时登记有关明细账,以便为后续业务计算提供依据。
2. 示范填制 14～24 号通用记账凭证。①
【业务 13】　12.31 分配制造费用。

———————————

① 14～24 号通用记账凭证分别对应业务 13～23。业务 1～12 所涉及的原始凭证和记账凭证,在任务一填制审原始凭证和任务四填制记账凭证中体现。为节省篇幅,教材没有一一列示,详解见教材配套教学课件。

记 账 凭 证

20××年 12 月 31日　　　分号 _____　总号 14

摘　要	总账科目	明细科目	借方金额 千百十万千百十元角分	贷方金额 千百十万千百十元角分	记账符号
结转制造费用	生产成本	A产品	2 7 1 3 2 0		
	制造费用			2 7 1 3 2 0	
合　计			2 7 1 3 2 0	2 7 1 3 2 0	

会计主管:　　记账: 成本会计　　稽核: 主管　　制单: 成本会计　　附凭证1张

【业务 14】　12.31 结转完工产品成本。(原始凭证 19、20)

说明:19 号原始凭证为商品入库单,已由仓库保管员填好交给财务部门,在实训活动七列示,无需财务人员填写,实训时直接裁剪作为记账凭证附件。

广和市永新公司完工产品成本计算表　20

产品名称: A　　20××年 12 月 31日　　　单位:元

项　目	数量	直接材料	直接人工	制造费用	总成本
月初在产品成本	—	—	—	—	—
本月发生额	98	48 000	11 422.8	2 713.2	62 136
合计	98	48 000	11 422.8	2 713.2	62 136
本月完工产品成本	-98	-48000	-11422.8	-2713.2	-62136
月末在产品成本	0	0	0	0	0

审核: 主管　　　　制单: 成本会计

记 账 凭 证

20××年 12 月 31日　　　分号 _____　总号 15

摘　要	总账科目	明细科目	借方金额 千百十万千百十元角分	贷方金额 千百十万千百十元角分	记账符号
A完工98件结转成本	库存商品	A产品	6 2 1 3 6 0 0		
	生产成本	A产品		6 2 1 3 6 0 0	
合　计			¥6 2 1 3 6 0 0	¥6 2 1 3 6 0 0	

会计主管:　　记账: 成本会计　　稽核: 主管　　制单: 成本会计　　附凭证2张

【业务 15】　12.31 结转销售产品成本。(原始凭证 21)

广和市永新公司产品销售成本计算表　21

20××年 12 月 31 日　　　单位:元

品名	上月库存 数量	上月库存 金额	本月入库 数量	本月入库 金额	合计 数量	合计 金额	合计 平均价	本月减少 销售 数量	本月减少 销售 金额	月末库存 数量	月末库存 金额
A	90	60362	98	62136	188	122498	651.59	100	65159	88	57339
合计	90	60362	98	62136	188	122498	651.59	100	65159	88	57339

会计主管: 主管　　　　制表: 成本会计

记 账 凭 证

20××年 12月31日

分号＿＿＿＿＿
总号　　16

摘要	总账科目	明细科目	借方金额										贷方金额										记账符号
			千	百	十	万	千	百	十	元	角	分	千	百	十	万	千	百	十	元	角	分	
结转销售A100件成本	主营业务成本	A产品			6	5	1	5	9	0	0												
	库存商品	A产品													6	5	1	5	9	0	0		
合　计			¥	6	5	1	5	9	0	0			¥	6	5	1	5	9	0	0			

会计主管：　　　记账：成本会计　　　稽核：主管　　　制单：成本会计

附凭证1张

【业务16】 12.31计算提取城建税和教育费附加。（原始凭证22、23）

应交增值税计算表

22

税款所属时间20××年12月1日至20××年12月31日　　　单位：元

	项　　目			销售额		税额	
				本月数	本年累计	本月数	本年累计
销应税货物项	按适用税率征收货物及劳务		1=2+3	90 000		11 700	
	货物名称	税率（%）	2				
	A产品	13%		90 000		11 700	
	应税劳务		3				
	按简易征收办法征收货物		4				
	免税货物		5				
	出口货物免税销售额		6				
	项　　目			本月数		本年累计	
进项	本期进项税额发生额		7	7 800			
	进项税额转出		8				
	期初存货征税款期末余额		9				
	应 纳 税 额		10	3 900			

应交城建税、教育费及附加计算表

23

税款所属时间20××年12月1日至20××年12月31日　　单位：元

纳税项目	计税依据金额	适用税率	应纳税金	备注
应交城市维护建设税	3 900	7%	273	
应交教育费附加	3 900	3%	117	
应交地方教育费附加	3 900	1%	39	
应纳税费合计			429	

审核：主管　　　　　　　　制表：涉税会计

记 账 凭 证

20××年 12月31日

分号＿＿＿＿＿
总号　　17

摘　要	总账科目	明细科目	借方金额										贷方金额										记账符号
			千	百	十	万	千	百	十	元	角	分	千	百	十	万	千	百	十	元	角	分	
计提城教税费	税金及附加						4	2	9	0	0												
	应交税费	应交城建税																2	7	3	0	0	
	应交税费	应交教育费附加																1	5	6	0	0	
合　计							¥	4	2	9	0	0					¥	4	2	9	0	0	

会计主管：　　　记账：涉税会计　　　稽核：主管　　　制单：涉税会计

附凭证2张

【业务 17】　12.31 结转损益收入类账户。（原始凭证 24）

损益类账户结转计算表

24

20×× 年 12 月 31 日

账　户	结转前借方余额	结转前贷方余额
主营业务收入		90 000
主营业务成本	65 159	
税金及附加	429	
管理费用	5 541.2	
合　计	71 129.20	90 000

会计主管：主管　　　　　　　　制表：涉税会计

记 账 凭 证

分号 _____

20××年 12 月31日　　　　总号 _____ 18

摘　要	总账科目	明细科目	借 方 金 额									贷 方 金 额									记账符号
			千	百	十	万	千	百	十	元	角	分	千	百	十	万	千	百	十	元	角	分	
结转损益收入	主营业务收入	A产品				9	0	0	0	0	0	0											
	本年利润															9	0	0	0	0	0	0	
合　　计				¥	9	0	0	0	0	0	0		¥	9	0	0	0	0	0	0	

附凭证 1 张

会计主管：　　　记账：涉税会计　　　稽核：主管　　　制单：涉税会计

【业务 18】　12.31 结转损益费用类账户。（原始凭证 24）

记 账 凭 证

分号 _____

20××年 12 月31日　　　　总号 _____ 19

摘　要	总账科目	明细科目	借 方 金 额									贷 方 金 额									记账符号
			千	百	十	万	千	百	十	元	角	分	千	百	十	万	千	百	十	元	角	分	
结转损益费用类	本年利润					7	1	1	2	9	2	0											
附件见本月18号凭证	主营业务成本															6	5	1	5	9	0	0	
	税金及附加																4	2	9	0	0	
	管理费用															5	5	4	1	2	0	
合　　计				¥	7	1	1	2	9	2	0		¥	7	1	1	2	9	2	0	

附凭证 0 张

会计主管：　　　记账：涉税会计　　　稽核：主管　　　制单：涉税会计

【业务 19】　12.31 计算提取所得税。（原始凭证 25）假设根据税法规定该企业适用税率为 25%。

25

企业所得税预缴纳税申报表

税款所属日期：　20××年 12 月1日至　20××年 12 月31日

纳税人识别号：×|×|0|0|0|0|0|1|2|3|4|5|6|7|8|9　　金额单位：元（列至角分）

纳税人名称　广和市永新公司		
项　　目	行次	本期累计数
利润总额	1	18 870.80
加：纳税调整增加额	2	—
减：纳税调整减少额	3	—
减：弥补以前年度亏损	4	—
应纳税所得额（5=1+2-3-4）	5	18 870.80
适用税率	6	25%
应纳所得税额（7=5×6）	7	4 717.70
减：减免所得税额	8	—
减：抵免所得税额	9	—
减：本年累计实际已预缴的所得税额	10	—
应补（退）的所得税额〔11=7-8-9-10〕	11	4 717.70

纳税单位公章：　　　代理申报中介机构公章：　　　主管税务机关受理专用章：

经办人：涉税会计　　经办人执业证件号码：　　　受理人：刘平

申报日期：××年1月5日　代理申报日期：　年　月　日　受理申报日期：××年1月5日

记账凭证

20××年 12月31日　　分号＿＿＿　总号　20

摘要	总账科目	明细科目	借方金额	贷方金额	记账符号
计提所得税	所得税费用		4 717 70		
	应交税费	应交所得税		4 717 70	
合　计			¥4 717 70	¥4 717 70	

会计主管：　记账：涉税会计 成本会计　稽核：主管　制单：涉税会计

附凭证1张

【业务20】 12.31 结转所得税费用。

记账凭证

20××年 12月31日　　分号＿＿＿　总号　21

摘要	总账科目	明细科目	借方金额	贷方金额	记账符号
结转所得税	本年利润		4 717 70		
	所得税费用			4 717 70	
合　计			¥4 717 70	¥4 717 70	

会计主管：　记账：涉税会计 成本会计　稽核：主管　制单：涉税会计

附凭证0张

【业务 21】　12.31 结转本年净利润。

记 账 凭 证

20××年 12 月31日

分号 _____
总号　22

摘要	总账科目	明细科目	借 方 金 额										贷 方 金 额										记账符号
			千	百	十	万	千	百	十	元	角	分	千	百	十	万	千	百	十	元	角	分	
结转净利润	本年利润				1	4	1	5	3	1	0												
	利润分配	未分配利润													1	4	1	5	3	1	0		
合　计			¥		1	4	1	5	3	1	0			¥	1	4	1	5	3	1	0		

会计主管:　　　记账:涉税会计　　　稽核:主管　　　制单:涉税会计

附凭证 0 张

【业务 22】　12.31 计算提取盈余公积。(原始凭证 26)

提取盈余公积计算表　　　　26

20××年 12 月 31 日　　　　　　单位:元

计 提 依 据		提取率(%)	应提金额　　备 注
项 目	金 额		
税后利润	14 153.10	10	1 415.31

复核:主管　　　　　　制表:涉税会计

记 账 凭 证

20××年 12 月31日

分号 _____
总号　23

摘 要	总账科目	明细科目	借 方 金 额										贷 方 金 额										记账符号
			千	百	十	万	千	百	十	元	角	分	千	百	十	万	千	百	十	元	角	分	
提盈余公积金	利润分配	提法定盈余					1	4	1	5	3	1										
	盈余公积	法定盈余公积															1	4	1	5	3	1	
合　计						¥	1	4	1	5	3	1				¥	1	4	1	5	3	1	

会计主管:　　　记账:涉税会计　　　稽核:主管　　　制单:涉税会计

附凭证 1 张

【业务 23】　12.31 结转利润分配明细账户。(注意:此笔业务不登记总账。)

记 账 凭 证

20××年 12 月31日

分号 _____
总号　24全

摘 要	总账科目	明细科目	借 方 金 额										贷 方 金 额										记账符号
			千	百	十	万	千	百	十	元	角	分	千	百	十	万	千	百	十	元	角	分	
结转利润分配明细账户	利润分配	未分配利润					1	4	1	5	3	1										
	利润分配	提取法定盈余公积															1	4	1	5	3	1	
合　计						¥	1	4	1	5	3	1				¥	1	4	1	5	3	1	

会计主管:　　　记账:涉税会计　　　稽核:主管　　　制单:涉税会计

附凭证 0 张

三、示范登记明细账

说明:合计式多栏式账户(生产成本、制造费用、管理费用)中的最后一行斜体(代表红色)金额,表示在不设借贷方向的多栏式账户中登记所在账户的减少金额。

应交税费明细账

应交税费　　　　　　　明细科目:应交增值税

××年		凭证		摘 要	1.借方合计	2.进项税额	3.已交税金	4.贷方合计	5.销项税额
月	日	种类	号数		百十万千百十元角分	百十万千百十元角分	百十万千百十元角分	百十万千百十元角分	百十万千百十元角分
12	1			期初余额					
12	2	记	2	购料	780000	780000			
12	5		4	交税	540000		540000		
	22	记	8	销售				1170000	1170000

应交税费明细账

应交税费　　　　　　　明细科目:应交增值税

6.余额				
百十万千百十元角分				
540000				
390000				

生产成本明细账

生产成本

××年		凭证		摘 要	合 计	原材料	工资及附加	制造费用	
月	日	种类	号数		十万千百十元角分	十万千百十元角分	十万千百十元角分	十万千百十元角分	十万千百十元角分
12	12	记	7	领用材料	4800000	4800000			
	26	记	9	分配工资	1142280		1142280		
	31	记	14	转制造费用	271320			271320	
				本月合计	6213600	4800000	1142280	271320	
	31	记	15	转完工成本	6213600	4800000	1142280	271320	

制造费用明细账

制造费用

××年		凭证		摘 要	合 计	工资及附加		
月	日	种类	号数		百十万千百十元角分	百十万千百十元角分	百十万千百十元角分	百十万千百十元角分
12	26	记	9	分配工资	271320	271320		
				本月合计	271320	271320		
	31	记	14	结转制造费用	271320	271320		

主营业务收入明细账

总第 _____ 页 分第 _____ 页
____级科目编号及名称 A产品
____级科目编号及名称 主营业务收入

××年		凭证		摘要	日页	借方		贷方		借或贷	余额	
月	日	种类	号数			十亿千百十万千百十元角分 √		十亿千百十万千百十元角分 √			十亿千百十万千百十元角分 √	
12	22	记	8	销售100件				9 0 0 0 0 0 0		贷	9 0 0 0 0 0 0	
	31	记	18	结转损益		9 0 0 0 0 0 0				平	0	√

主营业务成本明细账

总第 _____ 页 分第 _____ 页
____级科目编号及名称 A产品
____级科目编号及名称 主营业务成本

××年		凭证		摘要	日页	借方		贷方		借或贷	余额	
月	日	种类	号数			十亿千百十万千百十元角分 √		十亿千百十万千百十元角分 √			十亿千百十万千百十元角分 √	
12	22	记	16	结转销售成本		6 5 1 5 9 0 0				借	6 5 1 5 9 0 0	
	31	记	19	结转损益				6 5 1 5 9 0 0		平	0	√

管理费用明细账

管理费用

××年		凭证		摘要	合计	差旅费	工资及附加	折旧费	
月	日	种类	号数		万千百十元角分	万千百十元角分	万千百十元角分	万千百十元角分	万千百十元角分
12	1	记	1	报差旅费	4 4 2 0 0	4 4 2 0 0			
	26	记	9	分配工资	4 8 7 9 2 0		4 8 7 9 2 0		
	31	记	13	计提折旧	2 2 0 0 0			2 2 0 0 0	
				本月合计	5 5 4 1 2 0	4 4 2 0 0	4 8 7 9 2 0	2 2 0 0 0	
12	31	记	19	结转损益	5 5 4 1 2 0	4 4 2 0 0	4 8 7 9 2 0	2 2 0 0 0	

本年利润明细账

总第 _____ 页 分第 _____ 页
____级科目编号及名称
____级科目编号及名称 本年利润

××年		凭证		摘要	日页	借方		贷方		借或贷	余额	
月	日	种类	号数			十亿千百十万千百十元角分 √		十亿千百十万千百十元角分 √			十亿千百十万千百十元角分 √	
12	31	记	18	转损益收入				9 0 0 0 0 0 0				
	31	记	19	转损益支出		7 1 2 6 1 2 0				贷	1 8 7 3 8 8 0	
	31	记	21	结转所得税		4 6 8 4 7 0				贷	1 4 0 5 4 1 0	
	31	记	22	结转净利润		1 4 0 5 4 1 0				平	0	√

✈ 实训总结

个人撰写实训工作日志(样表附后)。

内容:实训日期、实训岗位、工作内容、工作小结(掌握内容、问题及建议)。

任务八

登记总账—记账凭证账务处理程序

✈ 实训目的

通过开设登记总账—记账凭证账务处理程序实训,帮助学生掌握记账凭证账务处理程序登记总账的方法。理解平行登记的原理。

✈ 实训时间

1课时。

✈ 实训任务

按照记账凭证账务处理程序登记总账。(企业由总账会计每月根据记账凭证逐笔登记总账。)

✈ 实训步骤

1. 根据任务四和任务七填审的记账凭证逐笔登记总账。
2. 根据此前实训登记的明细账及本次实训登记的总账理解平行登记的含义。

✈ 实训资料

见任务十七　单项实训活动之实训活动八。

✈ 实训思考

一、选择题

1. 登记"利润分配"总分类账户应依据(　　　)。

实训思考
参考答案8

A. 记账凭证上"利润分配"账户金额

B. 明细分类账上"利润分配—提取盈余公积"明细分类账户金额

C. 记账凭证上"利润分配—提取盈余公积"账户金额

D. 总分类账上"利润分配"账户金额

2. 按照平行登记规则的要求,记入"应交税费"账户的金额应等于其所属的(   )明细账户金额之和。

A. 应交所得税、应交增值税　　　　B. 营业税金及附加

C. 应交城建税、应交教育费附加　　D. 所得税费用

3. 采用记账凭证账务处理程序登记现金和银行存款总账时应(   )。

A. 逐日逐笔登记　B. 每日结出余额　C. 逐笔登记　　　D. 随时结出余额

4. 采用记账凭证账务处理程序登记"本年利润"总分类账户应依据(   )。

A. 记账凭证上"本年利润"账户的借方金额

B. 明细分类账上"本年利润"账户的贷方金额

C. 总分类账上"本年利润"账户的贷方金额

D. 记账凭证上"本年利润"账户的贷方金额

5. 采用记账凭证账务处理程序登记总账的直接依据是(   )。

A. 明细账　　　　B. 记账凭证　　　　C. 科目汇总表　　　D. 汇总记账凭证

二、讨论题

1. 根据实训举例说明什么叫平行登记? 如何保证账簿记录的准确性?

2. 采用记账凭证账务处理程序登记总分类账要注意什么问题?

✈ 实训提示

总账部分式样如下:

银行存款总账

银行存款

××年		凭证		摘要	日页	借 方											贷 方											借或贷	余 额										
月	日	种类	号数			十亿	千	百	十	万	千	百	十	元	角	分	√	十亿	千	百	十	万	千	百	十	元	角	分	√		十亿	千	百	十	万	千	百	十	元	角	分	√
1	1			上年结转																										借				1	4	3	8	2	1	0	0	√
12	1			期初余额																										借				2	1	5	1	7	9	0	0	√
12	2	记	2	购材料																		6	7	8	0	0	0	0													
	5		4	纳增值税																			5	4	0	0	0	0													
	5		5	纳城教税费																				5	9	4	0	0													
	10		6	发工资																		1	9	0	1	5	2	0													
	31		10	提现																			2	0	0	0	0	0													
	31		11	还利民贷款																		3	0	0	0	0	0	0													
	31		12	收立新贷款					5	0	0	0	0	0	0																										

应收账款总账

应收账款

××年 月 日	凭证 种类 号数	摘要	日页	借方	贷方	借或贷	余额
12 1		期初金额				借	3 0 1 2 0 0 0
12 22	记 8	销售		1 0 1 7 0 0 0 0			
31	12	收立新贷款			5 0 0 0 0 0 0		

在途物资总账

在途物资

××年 月 日	凭证 种类 号数	摘要	日页	借方	贷方	借或贷	余额
12 2	记 2	购甲料		6 0 0 0 0 0 0			
2	3	甲料入库			6 0 0 0 0 0 0		

制造费用总账

制造费用

××年 月 日	凭证 种类 号数	摘要	日页	借方	贷方	借或贷	余额
12 26	记 9	分配工资		2 7 1 3 2 0			
31	14	结转费用			2 7 1 3 2 0		

✈ 实训总结

个人撰写实训工作日志(样表附后)。

内容:实训日期、实训岗位、工作内容、工作小结(掌握内容、问题及建议)。

任务九

登记总账—科目汇总表账务处理程序

✈ 实训目的

通过开设登记总账—科目汇总表账务处理程序实训,帮助学生着重掌握科目汇总表账务处理程序登记总账的方法,理解平行登记的原理。

✈ 实训时间

2 课时。

✈ 实训任务

按照科目汇总表账务处理程序登记总账。

科目汇总表是根据一定时期内的全部记账凭证,按总账科目进行归类编制的。

在科目汇总表中,分别计算出每一个总账科目的借方发生额合计数、贷方发生额合计数。根据借贷记账法的记账规则,所有科目借方与贷方的合计数应相等。

科目汇总表根据企业业务量的多少可分为 5 天、10 天、半个月或 1 个月定期编制 1 次。

根据业务量,企业由总账会计按月编制科目汇总表,然后根据审核无误的科目汇总表登记总账。

✈ 实训步骤

一、科目汇总表的编制方法和步骤

企业每月月末编制一次科目汇总表。编制方法和步骤如下:

1. 填写日期和编号,统计并填列本表的记账凭证起讫日期和号数。

2. 依据实训四和实训七填审的记账凭证编制科目汇总表准备工作底稿。

科目汇总表准备工作底稿式样

总账科目名称		总账科目名称		总账科目名称	
凭证号金额	凭证号金额	凭证号金额	凭证号金额	凭证号金额	凭证号金额
金额合计	金额合计	金额合计	金额合计	金额合计	金额合计

"科目汇总表准备工作底稿"中采用的汇总形式从表面看酷似 T 形账户,但并不是 T 形账户。运用这种形式的目的是对各总账科目的发生额(不包括余额)进行汇总,以便于编制"科目汇总表",即进行发生额试算平衡。

科目名称为一级,因为总账只反映一级账户内容。按业务发生先后顺序,依据记账凭证将本期各总账科目的发生额一一记入科目汇总表准备工作底稿。记账凭证编号应采用①②…或(1)(2)…表示,以便与后面所记金额分开。

所有凭证登记完毕,须划横线以示登记结束,然后分别计算出各个账户借方发生额合计和贷方发生额合计,写在横线下方。

3. 编制科目汇总表。

(1) 填写科目及发生额。将"科目汇总表准备工作底稿"的科目名称、借方发生额合计和贷方发生额合计分别按科目类别顺序抄列在"科目汇总表"对应的栏目内。科目排列的方式有两种:第一种是从上到下排列顺序为资产类(成本类)、负债类、所有者权益类和损益类;第二种是左右排列,左方排列顺序为资产类(成本类)、损益费用类,右方排列顺序为负债类、所有者权益类和损益收入类;

(2) 计算合计金额或余额。采用第一种上下排列顺序的,应分别加计所有会计科目借方发生额和贷方发生额合计;采用第二种左右排列顺序的,应首先分左右加计会计科目借方发生额和贷方发生额合计,再计算左右各方余额;

(3) 试算平衡。采用第一种方法是合计平衡,即借方发生额合计与贷方发生额合计相等,依据借贷记账法记账规则;采用第二种方法是余额平衡,即借方与贷方余额相等,依据资产=负债+所有者权益会计等式。如果相等,一般说明基本无误,可据以登记总账。如果不相等,说明汇总出现差错或记账凭证出现差错,应当查明原因,直至最后借贷平衡,才能作为登记总账的依据。

二、登记总账

以审核无误的"科目汇总表"为依据,将该表中的相关内容记入相应的总账账户,包括日期、凭证编号、摘要、金额等,登记完毕,应在"科目汇总表"上做已登记总账的标记。具体是在"科目汇总表"中页次栏科目相应的行划"√"或标注页数,以示此账户发生额已记入总账。

三、平行登记

根据此前实训登记的明细账及本次实训登记的总账理解平行登记的含义。

✈ 实训资料

见任务十七   单项实训活动之实训活动九。

✈ 实训思考

实训思考
参考答案 9

一、选择题

1. 采用科目汇总表账务处理程序,登记"管理费用"总分类账户应依据(   )。

  A. 记账凭证上"管理费用"账户金额

  B. 明细分类账上"管理费用"明细分类账户金额

  C. 科目汇总表上"管理费用"账户的借方金额

  D. 科目汇总表上"管理费用"账户的贷方金额

2. 采用科目汇总表账务处理程序,按照平行登记规则的要求,登记"应交税费"总账账户借方或贷方的金额应依据(   )。

  A. 明细分类账上"应交税费"各账户金额

  B. 记账凭证上"应交税费"各账户金额

  C. 总分类账上"应交税费"账户金额

  D. 科目汇总表上"应交税费"账户金额

3. 编制科目汇总表准备工作底稿应(   )。

  A. 依据明细分类账汇总   B. 按记账凭证总账科目发生额登记

  C. 依据本期所有应汇总的记账凭证   D. 最后结出各账户借方或贷方合计

4. 科目汇总表账务处理程序登记总账的直接依据是(   )。

  A. 明细账   B. 记账凭证

  C. 记账凭证汇总表   D. 汇总记账凭证

5. 科目汇总表的编制方式有(   )。

  A. 合计平衡法   B. 试算平衡法   C. 余额平衡法   D. 工作底稿法

二、讨论题

1. 如何编制科目汇总表?

2. 结合实训总账与明细账的登记,举例说明平行登记的含义。

实训提示

1. 注意最后一笔业务：12.31 结转利润分配明细账户。此笔业务不登记总账，因此不需要进行科目汇总。

2. 示范部分科目汇总表准备工作底稿。

借　　库存现金　　贷	借　　银行存款　　贷	借　　应收账款　　贷
(1) 58 (9) 200	(12) 50 000 ｜ (2) 67 800 (4) 5 400 (5) 594 (6) 19 015.20 (10) 200 (11) 30 000	(8) 101 700 ｜ (12) 50 000
258	50 000 ｜ 123 009.20	101 700 ｜ 50 000

借　　其他应收款　　贷	借　　原材料　　贷	借　　库存商品　　贷
(1) 500	(3) 60 000 ｜ (7) 48 000	(15) 62 136 ｜ (16) 65 159
500	60 000 ｜ 48 000	62 136 ｜ 65 159

借　　制造费用　　贷	借　　应付职工薪酬　　贷	借　　应交税费　　贷
(9) 2 713.20 ｜ (14) 2 713.20	(6) 19 015.20 ｜ (9) 19 015.20	(2) 7 800 ｜ (8) 11 700 (4) 5 400 ｜ (17) 429 (5) 594 ｜ (6) 4 717.70
2 713.20 ｜ 2 713.20	19 015.20 ｜ 19 015.20	13 794 ｜ 16 846.70

借　　盈余公积　　贷	借　　利润分配　　贷	借　　累计折旧　　贷
(23) 1 415.31 ｜ (23) 1 415.31	(23) 1 415.31 ｜ (22) 14 153.10	(13) 220
1 415.31 ｜ 1 415.31	1 415.31 ｜ 14 153.10	220

3. 示范两种方法编制的科目汇总表。

合计平衡法式样见表 9-1，余额平衡法式样见表 9-2 所示。

表 9-1　科目汇总表　　编号：1

编制单位：广和市永新公司　　20××年12月1日至12月31日　　记账凭证 1 号至 24 号共 50 张

序号	会计科目	总页	借方	贷方
1	库存现金	√	258	
2	银行存款	√	50 000	123 009.20
3	应收账款	√	101 700	50 000
4	其他应收款	√		500
5	在途物资	√	60 000	60 000

（续表）

序号	会计科目	总页	借方	贷方
6	原材料	✓	60 000	48 000
7	库存商品	✓	62 136	65 159
8	累计折旧	✓		220
9	应付职工薪酬	✓	19 015.20	19 015.20
10	应付账款	✓	30 000	
11	应交税费	✓	13 794	16 846.70
12	盈余公积	✓		1 415.31
13	本年利润	✓	90 000	90 000
14	利润分配	✓	1 415.31	14 153.10
15	生产成本	✓	62 136	62 136
16	制造费用	✓	2 713.20	2 713.20
17	主营业务收入	✓	90 000	90 000
18	主营业务成本	✓	65 159	65 159
19	税金及附加	✓	429	429
20	管理费用	✓	5 541.20	5 541.20
21	所得税费用	✓	4 717.70	4 717.70
	合　计		719 014.6	719 014.6

财管主管：　　　记账：　　审核：涉税会计　　　编制：总账会计

表 9 - 2　科目汇总表

编号：1

编制单位：广和市永新公司　　　20××年12月1日至12月31日　　　记账凭证1号至24号共50张

序号	会计科目	总页	本期发生额 借方	本期发生额 贷方	序号	会计科目	总页	本期发生额 借方	本期发生额 贷方
1	库存现金	✓	258		1	应付账款	✓	30 000	
2	银行存款	✓	50 000	125 409.20	2	应付职工薪酬	✓	19 015.20	19 015.20
3	应收账款	✓	101 700	50 000	3	应交税费	✓	13 794	16 846.70
4	其他应收款	✓		500	4	盈余公积	✓		1 405.41
5	在途物资	✓	60 000	60 000	5	本年利润	✓	90 000	90 000
6	原材料	✓	60 000	48 000	6	利润分配	✓	1 415.31	14 153.10
7	库存商品	✓	62 136	65 159	7	主营业务收入	✓	90 000	90 000
8	累计折旧	✓		220					
9	生产成本	✓	62 136	62 136					
10	制造费用	✓	2 713.20	2 713.20					

（续表）

序号	会计科目	总页	本期发生额 借方	本期发生额 贷方	序号	会计科目	总页	本期发生额 借方	本期发生额 贷方
11	主营业务成本	✓	65 159	65 159					
12	税金及附加	✓	429	429					
13	管理费用	✓	5 541.20	5 541.20					
14	所得税费用	✓	4 717.70	4 717.70					
	合　计		474 790.10	487 584.30		合　计		244 224.50	231 430.31
	余　额			12 794.20		余　额		12 794.20	

财管主管：　　记账：　　审核：涉税会计　　编制：总账会计

4. 示范登记部分总账。

库存现金总账

库存现金

××年 月	日	凭证 种类 号数	摘要	日页	借方	贷方	借或贷	余额
1	1		上年结转				借	600.00 ✓
11	30	科汇	略				借	874.00 ✓
12	31	科汇 1	1~31日汇总			258.00	借	1 132.00 ✓
			本年合计		19 660.00	19 128.00	借	1 132.00

银行存款总账

银行存款

××年 月	日	凭证 种类 号数	摘要	日页	借方	贷方	借或贷	余额
1	1		上年结转					143 821.00 ✓
11	30	科汇 1	略				借	215 179.00 ✓
12	31	科汇 1	1~31日汇总		50 000.00	123 009.20	借	142 169.80 ✓
			本年合计		130 020.00	131 671.20	借	142 169.80

应收账款总账

应收账款

××年 月	日	凭证 种类 号数	摘要	日页	借方	贷方	借或贷	余额
11	30	科汇 1	略				借	30 120.00 ✓
12	31	科汇 1	1~31日汇总		101 700.00	50 000.00	借	81 820.00 ✓

原材料总账

原材料

××年		凭证		摘要	日页	借方											√	贷方											√	借或贷	余额											√
月	日	种类	号数			十	亿	千	百	十	万	千	百	十	元	角	分	十	亿	千	百	十	万	千	百	十	元	角	分		十	亿	千	百	十	万	千	百	十	元	角	分	
11	30	科汇	1	略																										借					5	4	0	0	0	0	√
12	31	科汇	1	1~31日汇总						6	0	0	0	0	0	0						4	8	0	0	0	0	0	借					1	7	4	0	0	0	0	√

生产成本总账

生产成本

××年		凭证		摘要	日页	借方											√	贷方											√	借或贷	余额											√
月	日	种类	号数			十	亿	千	百	十	万	千	百	十	元	角	分	十	亿	千	百	十	万	千	百	十	元	角	分		十	亿	千	百	十	万	千	百	十	元	角	分	
12	31	科汇	1	1~31日汇总						6	2	1	3	6	0	0						6	2	1	3	6	0	0	平											σ		√

✈ 实训总结

个人撰写实训工作日志(样表附后)。

内容:实训日期、实训岗位、工作内容、工作小结(掌握内容、问题及建议)。

任务十

结账和对账

✈ 实训目的

通过开设结账和对账实训,帮助学生着重掌握结账和对账的方法。

✈ 实训时间

3课时。

✈ 实训任务

一、结账

　　结账是在全部经济业务正确登记入账的基础上,为了编制报表,结计全部总账、明细账、日记账发生额和余额的工作。

　　各单位应当按照规定,定期(按月、按季或者按年)结账。结账应在会计期末进行。

　　结账前,必须将本期发生的各项经济业务全部登记入账。

　　结账时,应当结出每个账户的期末余额。需要结出当月(季、年)发生额的(如各项收入、费用账户等),应在最后一笔经济业务记录下面通栏划红单线,在下一行进行发生额合计,在"摘要栏"内注明"本月(季)合计"字样,在下面再通栏划单红线,表示完成结账工作。

　　需要结出本年累计发生额的,应当在月(季)结下面一行"摘要栏"内注明"本年累计"字样,进行累计发生额合计,并在下面划单红线;12月末的本年累计就是全年累计发生额。全年累计发生额下应当划双红线。年度终了结账时,所有总账账户都应当结出全年发生额和年末余额。

　　年度终了结账时,有余额的账户,要将其余额结转下年。结转的方法是:将各账户的余额直接转至下一会计年度,不需要编制记账凭证,也不必将余额再记入本年账户的借方或者贷方。

　　关于新会计年度的建账问题,总账、日记账和明细账一般应每年更换一次,财产物资明细账和债权债务明细账做成卡片管理,可以跨年度使用,不必每年度更换一次,各种备查账也可以连续使用。如考虑档案管理问题,须年年建新账。

二、对账

为了保证各种账簿记录的完整和正确,如实反映和监督经济活动,为编制会计报表提供真实可靠的数据资料,各单位应当定期对会计账簿记录的有关数字和库存实物、货币资金、往来结算等进行核对,保证账证相符、账实相符。具体要求包括账证核对、账账核对和账实核对。

(一) 账证核对

核对会计账簿记录与原始凭证、记账凭证的时间、凭证字号、内容、金额是否一致,记账方向是否相同。

账证核对实质是一次更细致的登账过程,是对登账工作的复核,因此,学生可自行完成此项工作。

(二) 账账核对

核对不同会计账簿记录是否相符,包括总账之间的核对,总账与明细账核对,总账与日记账核对,会计部门的财产物资明细账与财产物资保管及使用部门的有关明细账核对等。

(1) 总账之间的核对方法:编制总分类账户试算平衡表。

① 将总账账簿中所涉及的总分类账户按名称顺序过入试算平衡表的"科目名称"栏。

② 将有关总账账户的期初余额过入试算平衡表中,并分别加计借贷方合计数。

③ 分别将各总账中已登记的借方发生额和贷方发生额的合计数,过入试算平衡表对应项目的"本期发生额"栏,并分别计算该表"本期发生额"栏的借方发生额合计和贷方发生额合计。

④ 依据各总账账户的期初余额和本期发生额计算出期末余额,过入试算平衡表中的期末余额栏,并分别计算出借贷方合计数。

⑤ 依据下列公式验证总账记录是否正确:

全部账户的期初借方余额合计＝全部账户的期初贷方余额合计

全部账户的本期借方发生额合计＝全部账户的本期贷方发生额合计

全部账户的期末借方余额合计＝全部账户的期末贷方余额合计

(2) 总账与所属明细账核对:编制总账与所属明细账试算平衡表。

本教材以"库存商品"总账与所属明细账核对为例,要求学生核对"原材料"、"应收账款"、"应付账款"的总账与所属明细账。

① 确定需要核对的总账与明细账,将该总账所属明细账的名称过入相应的试算平衡表中。

② 将相关明细账分类账户的期初余额过入试算平衡表中,并分别加计借贷方合计数。

③ 分别计算有关明细账账户的借方发生额合计数和贷方发生额合计数,过入试算平衡表中,并在该试算平衡表中分别加计借贷方合计数。

④ 依据各明细账账户的期初余额和本期发生额计算出期末余额,过入试算平衡表中的期末余额栏,并在表中分别计算出借贷方合计数。

⑤ 依据下列公式验证账户记录是否正确:

总分类账户的期初借方(贷方)余额＝所属明细分类账的期初借方(或贷方)余额合计

总分类账户的本期借方(或贷方)发生额＝所属明细分类账的借方(或贷方)发生额合计

总分类账户期末借方(或贷方)余额＝所属明细分类账的期末借方(或贷方)余额合计

(3)总账与日记账核对:将库存现金(银行存款)总账的期初(期末)余额与现金(银行存款)日记账的期初(期末)余额核对;将库存现金(银行存款)总账的借方(贷方)发生额与现金(银行存款)日记账的借方(贷方)发生额核对。

(三) 账实核对

核对会计账簿记录与财产物资实有数是否相符,包括现金日记账账面余额与现金实际库存数核对;银行存款日记账账面余额定期与银行存款对账单核对;各种财物明细账账面余额与财物实存数核对;各种应收、应付款明细分类账账面余额与有关债权、债务单位或个人核对等。

这里重点介绍银行存款的账实核对:(1)从银行取回银行对账单,将其与银行存款日记账的记录逐笔核对;(2)找出未达账项;(3)编制"银行存款余额调节表";(4)检查"银行存款余额调节表"中调节后的银行存款日记账余额和银行对账单调节后的余额是否相符。一般情况下,如果相符表明银行存款日记账的记录无误。

以上对账工作是穿插在结账工作中进行的,因为对账的主要依据是结账计算出的各账户发生额和余额,所以在对账之前,先要进行结账的计算工作,即按要求结出各账户的发生额和余额,当各账户发生额和余额核对相符了,才进行结账的划线工作。如果核对不符,应当查明原因,需要更正错账的,必须按规范方法更正,直至最后核对相符,才能划结账线。

✈ 实训步骤

一、结账开始

(一) 每月末需结出本期发生额和余额的账户

包括日记账("库存现金"、"银行存款")、明细账(损益类账户、"本年利润"、使用多栏式账页登记的账户)、总账(登记两次及以上发生额的账户)。根据不同账页,结账采用两种方法:

1. 借贷余三栏式账页和借贷余多栏式账页

① 结出本期发生额:在各账户最后一笔经济业务记录的下一行"摘要栏"写"本月合计",计算出借方合计、贷方合计以及多栏式明细栏合计;

② 结出本期余额:按照账户的性质,依据某账户期初余额、借方合计和贷方合计,计算该账户的期末余额,期末余额应写在最后一笔经济业务记录的同一行。

2. 合计多栏式账页

① 结出本期发生额:在登记最后一笔期末结转业务之前在"摘要栏"写"本月合计",计算出合计栏和明细栏合计,再在下一行登记最后一笔期末结转业务金额;

② 结出本期余额:如果该账户期末无余额则到此结束;如有余额则在最后一笔期末结转业

务下一行"摘要栏"写"期末余额",分别计算出合计栏合计(余额)和各明细栏合计,并核对各明细栏合计之和与合计栏合计是否相符。

(二)每月末只需结出余额的账户

对不需要按月结计本期发生额的账户,如各项应收应付款明细账和各项财产物资明细账等,每次记账以后都要随时结出余额,每月最后一笔余额即为月末余额。除此还包括只登记一笔经济业务记录的总分类账账户和明细分类账账户。

二、核对总账

总分类账账户期末余额试算平衡。

三、核对日记账和明细分类账

总分类账各账户的期末余额应分别与其所属的日记账和明细分类账账户的期末余额之和相符。对于余额核对相符的账户,应在其余额旁打"√",表示对账结束。

四、结账结束

划通栏红色结账线,即从账页"日期"栏一直划到本行最后一栏"分"位,红线划在行格线上。根据各账户结账的要求和结账的期间不同,结账线的划法一般分为以下三种情况。

1. 合计线:也叫开始结账线。对于需要每月结出本期发生额的账户(采用记账凭证账务处理程序登记总账、日记账、损益类明细账),在"本月合计"行格上划上面一条红线。

2. 月结线:也叫结束结账线。1至11月划单红线。在"本月合计"行划下面一条红线。不分借贷方向多栏式账户,在最后一笔期末结转业务行格上划下面一条红线。其余只结期末余额的账户,在登记最后一笔经济业务记录的行格上划下面一条红线,以示本月业务结束,与下一会计期间记录分开。

3. 年结线:也叫封账线。12月份的结束结账线划双红线,以示全年业务结束。

✈ 实训资料

见任务十七 单项实训活动之实训十。

✈ 实训思考

实训思考
参考答案 10

一、选择题

1. 结账是结计( )的发生额和余额的工作。

    A. 总账　　　　　　　B. 明细账　　　　　　C. 记账凭证　　　　　D. 日记账

2. 结账时正确的划线方法为( )。

    A. 结账时应划红色结账线,一般有合计线、月结线、年结线三种划法

    B. 每月结账时,应在"本月合计"栏下划通栏单红线

    C. 年度终了结账时,应在"本年合计"栏下划通栏双红线

    D. 需结计本年累计发生额的账户,在每月结账时在"本年累计"栏下划双红线

3. 每月末需结出本期发生额和余额的账户是( )。

    A. 库存现金　　　　　B. 银行存款　　　　　C. 本年利润　　　　　D. 各总分类账

4. 账账核对是核对不同会计账簿的记录是否相符,具体包括( )。

    A. 所有总账账户之间的核对　　　　　　B. 有关财产物资明细账的核对

    C. 总账与所属明细账的相对　　　　　　D. 总账与日记账的核对

5. 下列关于对账工作说法错误的是( )。

    A. 对账工作是在结账工作全部完成以后进行的

    B. 编制"试算平衡表"是对账工作中运用的重要方法

    C. 企业将银行存款日记账与银行对账单核对属于账实核对

    D. 账证核对中的"证"指的就是记账凭证

二、讨论题

1. 为什么要进行结账？一般在何时进行？

2. 根据本次实训过程,举例说明年末结账的程序。

3. 根据本次实训过程总结总账核对的内容。

4. 根据本次实训过程,举例说明总账与明细分类账核对的程序。

✈ 实训提示

一、说明

1. 各账户中最后的粗黑结账线和多栏式账户中登记期末结转业务的斜黑体金额代表红色;

2. 1~11 月份借方、贷方发生额合计略,12 月份的借方、贷方发生额直接列示;

3. 总账、日记账和明细账,12 月份凡有期末余额的账户均需在"摘要栏"注明"结转下年",以便新年更换账簿时建账。无期末余额的账户不需注明。

二、日记账、明细账、总账示范结账部分式样

(一) 日记账

库存现金日记账

库存现金

××年		凭证		摘 要	对方科目	日页	借 方										√	贷 方										√	借或贷	余 额										√
月	日	种类	号数				千	百	十	万	千	百	十	元	角	分		千	百	十	万	千	百	十	元	角	分			千	百	十	万	千	百	十	元	角	分	
1	1			上年结转																								借					6	0	0	0	0	√
12	1			期初金额																								借					8	7	4	0	0	√
12	1	记	1	报差报费退款	其他应收款							5	8	0	0												借					9	3	2	0	0	
	31		9	提现	银行存款						2	0	0	0	0												借				1	1	3	2	0	0	√
				库月合计									2	5	8	0	0											借				1	1	3	2	0	0	
				库年合计						1	9	6	6	0	0						1	9	1	2	8	0	0	借				1	1	3	2	0	0	
				结转下年																																		

银行存款日记账

总第 _____ 页 分第 _____ 页
级科目编号及名称 工商银行   **银行存款**
级科目编号及名称 _____

××年		凭证		摘 要	结算凭证	对方科目	日页	借 方										√	贷 方										√	借或贷	余 额										√
月	日	种类	号数					百	十	万	千	百	十	元	角	分			百	十	万	千	百	十	元	角	分			百	十	万	千	百	十	元	角	分		
1	1			上年结转																								借	1	4	3	8	2	1	0	0	√
12	1			期初金额																								借	2	1	5	1	7	9	0	0	√
12	2	记	2	购材料	信汇7474#	在途物资													6	7	8	0	0	0	0			借	1	4	7	3	7	9	0	0	
	5		4	纳税	税字0118#	应交税费														5	4	0	0	0	0			借									
	5		5	纳税	税字9859#	应交税费															5	9	4	0	0			借	1	4	1	3	8	5	0	0	
	10		6	发工资	专凭4882#	应付职工薪酬													1	9	0	1	5	2	0			借	1	2	2	3	6	9	8	0	
	31		10	提现	现支0118#	库存现金														2	0	0	0	0				借	1	2	2	1	6	9	8	0	
	31		11	还利民贷款	转支1222#	应付账款														3	0	0	0	0	0			借		9	2	1	6	9	8	0	
	31		12	收立新贷款	进账单	应收账款		5	0	0	0	0	0	0														借	1	4	2	1	6	9	8	0	√
				库月合计				5	0	0	0	0	0	0						1	2	3	0	0	9	2	0		借	1	4	2	1	6	9	8	0	
				库年合计				1	3	0	0	2	0	0	0				1	3	1	6	7	1	2	0			借	1	4	2	1	6	9	8	0	
				结转下年																																	

(二) 明细账

应收账款明细账

总第 _____ 页 分第 _____ 页
级科目编号及名称 泰安立新公司   **应收账款**
级科目编号及名称 _____

××年		凭证		摘 要	日页	借 方											√	贷 方											√	借或贷	余 额											√
月	日	种类	号数			十	亿	千	百	十	万	千	百	十	元	角	分	十	亿	千	百	十	万	千	百	十	元	角	分		十	亿	千	百	十	万	千	百	十	元	角	分	
12	1			期初金额																										借					3	0	1	2	0	0	0	√
12	22	记	7	销售					1	0	1	7	0	0	0	0														借				1	3	1	2	9	0	0	0	
	31		12	收立新贷款																	5	0	0	0	0	0	0			借					8	1	8	2	0	0	0	√
				结转下年																																							

其他应收款明细账

总第 _____ 页 分第 _____ 页
_____ 级科目编号及名称 李林
_____ 级科目编号及名称 其他应收款

××年		凭证		摘要	日页	借方 十亿千百十万千百十元角分 √	贷方 十亿千百十万千百十元角分 √	借或贷	余额 十亿千百十万千百十元角分 √
月	日	种类	号数						
12	1			期初金额				借	5 0 0 0 0 √
12	1	记	1	报差旅费			5 0 0 0 0	平	0 √

原材料明细账

编号 _____ 页次 _____ 总页 _____ 原材料
品名 甲
类别 _____ 规格 _____ 最高存量 _____ 最低存量 _____ 存储地点 _____ 计量单位 件

××年		凭证		摘要	收入 数量 单价 金额 千百十万千百十元角分	√	发出 数量 单价 金额 千百十万千百十元角分	√	结存 数量 单价 金额 千百十万千百十元角分	√
月	日	种类	号数							
12	1			期初金额					45 120 5 4 0 0 0 0	
12	5	记	3	入库	500 120 6 0 0 0 0 0					
	12		7	领用			400 120 4 8 0 0 0 0		145 120 1 7 4 0 0 0	
				结转下年						

在途物资明细账

编号 _____ 页次 _____ 总页 _____ 在途物资
品名 甲
类别 _____ 规格 _____ 最高存量 _____ 最低存量 _____ 存储地点 _____ 计量单位 件

××年		凭证		摘要	收入 数量 单价 金额 千百十万千百十元角分	√	发出 数量 单价 金额 千百十万千百十元角分	√	结存 数量 单价 金额 千百十万千百十元角分	√
月	日	种类	号数							
12	2	记	2	购料	500 120 6 0 0 0 0 0					
	2		3	入库			500 120 6 0 0 0 0 0		0	

累计折旧明细账

累计折旧

××年		凭证		摘要	日页	借方 十亿千百十万千百十元角分 √	贷方 十亿千百十万千百十元角分 √	借或贷	余额 十亿千百十万千百十元角分 √
月	日	种类	号数						
12	1			期初金额				贷	2 4 2 0 0 0 √
12	31	记	10	计提折旧			2 2 0 0 0	贷	2 6 4 0 0 0 √
				结转下年					

应交税费明细账

总第 _____ 页 分第 _____ 页
_____ 级科目编号及名称 应交城市维护建设税
_____ 级科目编号及名称 应交税费

××年		凭证		摘要	日页	借方 十亿千百十万千百十元角分 √	贷方 十亿千百十万千百十元角分 √	借或贷	余额 十亿千百十万千百十元角分 √
月	日	种类	号数						
12	1			期初金额				贷	3 7 8 0 0 √
12	5	记	5	纳税		3 7 8 0 0		平	0 √
	31	记	17	计提税金			2 7 3 0 0	贷	2 7 3 0 0 √
				本年合计		4 1 7 9 0 0	4 5 3 6 0 0		
				结转下年					

应交税费明细账（第一张多栏式账页反面）

应交税费　　　　　明细科目：**应交增值税**

××年 月	日	凭证 种类	号数	摘要	1.借方合计	2.进项税额	3.已交税金	4.贷方合计	5.销项税额
12	1			期初余额					
12	2	记	2	购料	780000	780000			
12	5	记	4	交税	540000		540000		
	22	记	8	销售				1170000	1170000
				本月合计	1320000	780000	540000	1170000	1170000
				本年合计	1785000	1190000	595000	1824000	1824000
				结转下年					

应交税费明细账（第二张多栏式账页正面）

应交税费　　　　　明细科目：**应交增值税**

6.余额
540000
390000
390000
390000

本年利润明细账

总第 _____ 页 分第 _____ 页
_____ 级科目编号及名称 _____
_____ 级科目编号及名称 _____

本年利润

××年 月	日	凭证 种类	号数	摘要	借方	贷方	借或贷	余额
12	31	记	18	转损益收入		9000000		
	31		19	转损益费用	7112920		贷	1887080
	31		21	结转所得税	471775		贷	1415310
	31		22	结转净利润	1415310		平	0
				本月合计	9000000	9000000		
				本年合计	9900000	9900000		

利润分配明细账

总第 _____ 页 分第 _____ 页
_____ 级科目编号及名称 提取法定盈余公积
_____ 级科目编号及名称 _____

利润分配

××年 月	日	凭证 种类	号数	摘要	借方	贷方	借或贷	余额
12	31	记	23	提盈余公积	141531			
	31	记	24	转明细账户		141531	平	0
				本年合计	721743	721743		

利润分配明细账

总第 _____ 页 分第 _____ 页
级科目编号及名称 _____ 未分配利润 **利润分配**
级科目编号及名称 _____

××年		凭证		摘要	日页	借方	贷方	借或贷	余额
月	日	种类	号数			亿千百十万千百十元角分√	亿千百十万千百十元角分√		亿千百十万千百十元角分√
12	1			期初金额				贷	5 3 6 5 7 3 9 √
12	31	记	22	结转净利润			1 4 1 5 3 1 0		
	31	记	24	转明细账户		1 4 1 5 3 1		贷	6 6 3 9 5 1 8 √
				本年合计		7 2 8 4 2 6	7 2 1 7 4 3 2	贷	6 6 3 9 5 1 8
				结转下年					

生产成本明细账

生产成本 _____ 级科目 *A产品*

××年		凭证		摘要	合计	原材料	工资及附加	制造费用
月	日	种类	号数		十万千百十元角分	万千百十元角分	万千百十元角分	十万千百十元角分
12	12	记	7	领用材料	4 8 0 0 0 0 0	4 8 0 0 0 0 0		
	26	记	9	分配工资	1 1 4 2 2 8 0		1 1 4 2 2 8 0	
	30	记	14	转制造费用	2 7 1 3 2 0			2 7 1 3 2 0
				本月合计	6 2 1 3 6 0 0	4 8 0 0 0 0 0	1 1 4 2 2 8 0	2 7 1 3 2 0
	31	记	15	转完工成本	6 2 1 3 6 0 0	4 8 0 0 0 0 0	1 1 4 2 2 8 0	2 7 1 3 2 0

制造费用明细账

制造费用 _____ 级科目 _____

××年		凭证		摘要	合计	工资及附加		
月	日	种类	号数		百十万千百十元角分	百十万千百十元角分	百十万千百十元角分	百十万千百十元角分
12	26	记	9	分配工资	2 7 1 3 2 0	2 7 1 3 2 0		
				本月合计	2 7 1 3 2 0	2 7 1 3 2 0		
	31	记	14	结转制造费用	2 7 1 3 2 0	2 7 1 3 2 0		

说明：当本月只发生一笔业务可省略本月合计，直接结转。所以"制造费用"明细账也可按以下式样：

制造费用 _____ 级科目 _____

××年		凭证		摘要	合计	工资及附加		
月	日	种类	号数		百十万千百十元角分	百十万千百十元角分	百十万千百十元角分	百十万千百十元角分
12	26	记	9	分配工资	2 7 1 3 2 0	2 7 1 3 2 0		
	31	记	14	结转制造费用	2 7 1 3 2 0	2 7 1 3 2 0		

主营业务收入明细账

总第 _____ 页 分第 _____ 页
级科目编号及名称 *A* **主营业务收入**
级科目编号及名称 _____

××年		凭证		摘要	日页	借方	贷方	借或贷	余额
月	日	种类	号数			十亿千百十万千百十元角分√	十亿千百十万千百十元角分√		十亿千百十万千百十元角分√
12	22	记	8	销售100件			9 0 0 0 0 0 0	贷	9 0 0 0 0 0 0
	31	记	18	结转损益		9 0 0 0 0 0 0		平	σ √
				本月合计		9 0 0 0 0 0 0	9 0 0 0 0 0 0		
				本年合计		9 9 0 0 0 0 0 0	9 9 0 0 0 0 0 0		

管理费用明细账

管理费用

××年月	日	种类	号数	摘要	合计 万	千	百	十	元	角	分	差旅费 万	千	百	十	元	角	分	工资及附加 万	千	百	十	元	角	分	折旧费 万	千	百	十	元	角	分	万	千	百	十	元	角	分
12	1	记	1	李林报旅费退款			4	4	2	0	0			4	4	2	0	0																					
	26	记	9	分配工资		4	8	7	9	2	0									4	8	7	9	2	0														
	31		13	计提折旧			2	2	0	0	0																	2	2	0	0	0							
				本月合计		5	5	4	1	2	0			4	4	2	0	0		4	8	7	9	2	0			2	2	0	0	0							
12	31	记	19	结转损益		5	5	4	1	2	0			4	4	2	0	0		4	8	7	9	2	0			2	2	0	0	0							

（三）总账（记账凭证核算程序）

　　总账中各账户的期初余额和期末余额右侧位置分别标有"C"（表示年初余额）和"M"（表示期末余额）字母，是为编制财务报表所作的标记，与登账内容无关。

库存现金总账

库存现金

××年月	日	种类	号数	摘要	日页	借方 十亿	亿	千	百	十	万	千	百	十	元	角	分	√	贷方 十亿	亿	千	百	十	万	千	百	十	元	角	分	√	借或贷	余额 十亿	亿	千	百	十	万	千	百	十	元	角	分	√	
1	1			上年结转																												借					6			0	0	0	0	0	√	C
12	1			期初余额																												借					8			7	4	0	0	0	√	
12	1	记	1	报旅费退款										5	8	0	0																													
	31		9	提现									2	0	0	0	0															借				1	1			3	2	0	0	√	M
				本月合计									2	5	8	0	0															借				1	1			3	2	0	0	√	
				本年合计						1	9	7	6	0	0	0							1	9	1	2	8	0	0		借				1	1			3	2	0	0		
				结转下年																																									

原材料总账

原材料

××年月	日	种类	号数	摘要	日页	借方 十亿	亿	千	百	十	万	千	百	十	元	角	分	√	贷方 十亿	亿	千	百	十	万	千	百	十	元	角	分	√	借或贷	余额 十亿	亿	千	百	十	万	千	百	十	元	角	分	√	
12	1			期初余额																												借				5	4			0	0	0	0	√	C
12	2	记	3	甲料入库							6	0	0	0	0	0	0																												
	12		7	领甲料																			4	8	0	0	0	0	0		借				1	7			4	0	0	0	0	√	M
				本月合计							6	0	0	0	0	0	0							4	8	0	0	0	0	0															
				本年合计						2	8	0	0	0	0	0	0						2	6	2	6	0	0	0	0															
				结转下年																																									

固定资产总账

固定资产

××年月	日	种类	号数	摘要	日页	借方 十亿	亿	千	百	十	万	千	百	十	元	角	分	√	贷方 十亿	亿	千	百	十	万	千	百	十	元	角	分	√	借或贷	余额 十亿	亿	千	百	十	万	千	百	十	元	角	分	√	
1	1			上年结转																												借				5	5	5	7	9	0	0		√	C
12	1			期初余额																												借				5	5	5	7	9	0	0		√	M
				结转下年																																									

累计折旧总账

累计折旧

××年 月	日	种类	号数	摘要	借方	贷方	借或贷	余额	√
12	1			期初金额			贷	242000	√
12	31	记	13	计提折旧		22000	贷	264000	√ M
				本月合计		22000			
				本年合计		264000			
				结转下年					

本年利润总账

本年利润

××年 月	日	种类	号数	摘要	借方	贷方	借或贷	余额	√
12	31	记	18	转损益收入		9000000			
	31		19	转损益支出	7122920				
	31		21	转所得税	471770				
	31		22	转净利润	1415310		平	σ	√ M
				本月合计	9000000	9000000			
				本年合计	99000000	99000000			

利润分配总账

利润分配

××年 月	日	种类	号数	摘要	借方	贷方	借或贷	余额	√
12	1			期初金额			贷	5365739	√
12	31	记	22	结转净利润		1415310	贷		
	31		23	提盈余金	141531		贷	6639518	√ M
				本月合计	141531	1415310			
				本年合计	721743	6087432			
				结转下年					

生产成本总账

生产成本

××年 月	日	种类	号数	摘要	借方	贷方	借或贷	余额	√
12	12	记	7	领材料	4800000				
	26	记	9	分配工资	1142280				
	31		14	转制造费用	271320				
	31		15	转完工成本		6213600	平	σ	√
				本月合计	6213600	6213600			
				本年合计	80784730	80784730			

制造费用总账

制造费用

××年 月	日	种类	号数	摘要	借方	贷方	借或贷	余额	√
12	26	记	9	分配工资	271320				
	31		14	转制造费用		271320	平	σ	√
				本月合计	271320	271320			
				本年合计	1271320	1271320			

主营业务收入总账

主营业务收入

××年 月	日	凭证 种类	号数	摘要	日页	借方	贷方	借或贷	余额
12	22	记	8	销售			9 0 0 0 0 0 0		9 0 0 0 0 0 0
12	31	记	18	转损益收入		9 0 0 0 0 0 0		平	σ √
				本月合计		9 0 0 0 0 0 0	9 0 0 0 0 0 0		
				本年合计		9 9 0 0 0 0 0 0	9 9 0 0 0 0 0 0		

管理费用总账

管理费用

××年 月	日	凭证 种类	号数	摘要	日页	借方	贷方	借或贷	余额
12	1	记	1	报差旅费		4 4 2 0 0			√
	26		9	分配工资		4 8 7 9 2 0			
	31		13	计提折旧		2 2 0 0 0			
	31		19	结转损益			5 5 4 1 2 0	平	σ √
				本月合计		5 5 4 1 2 0	5 5 4 1 2 0		
				本年合计		6 3 0 0 0 4 0	6 3 0 0 0 4 0		

三、期末余额试算平衡表

期末余额试算平衡表

账户名称	借方余额	账户名称	贷方余额
库存现金	1 132.00	应付账款	60 000.00
银行存款	142 169.80	应付职工薪酬	3 800.00
其他应收款	0	应交税费	9 046.70
应收账款	81 820.00	实收资本	206 180.68
原材料	17 400.00	盈余公积	7 377.34
库存商品	57 339.00	利润分配	66 395.18
固定资产	55 579.00		
累计折旧	−2 640.00		
合计	352 799.80	合计	355 439.80

✕ 实训总结

　　个人撰写实训工作日志(样表附后)。

　　内容:实训日期、实训岗位、工作内容、工作小结(掌握内容、问题及建议)。

任务十一

错账的查找与更正

✈ 实训目的

通过开设错账的查找与更正的模拟实训,帮助学生着重掌握查账与更正错账的方法。

✈ 实训时间

1课时。

✈ 实训任务

1. 查找错账。
2. 更正错账。

✈ 实训步骤

1. 将现金日记账和库存现金总分类账的本期发生额和期末余额进行核对。(实际工作中通过每日结账与实际现金数额核对)。

2. 通过银行存款日记账每日结账的余额或者月末余额与银行存款对账单进行核对。

3. 通过对账发现记账错误,运用各种查找错账的方法进行查找。

4. 根据产生错账的时间和原因等情况,选择正确的方法予以更正。

(1) 首先运用划线更正法、红字更正法或补充登记法更正,采用划线更正法应在账中划线。采用后两种更正方法应填制更正记账凭证并据以登账完成。

(2) 在现金日记账和银行存款日记账账页下半部分登记错账的内容并进行更正。

✈ 实训资料

见任务十七　单项实训活动之实训活动十一。

✈ 实训思考

实训思考
参考答案 11

一、选择题

1. 查找错账的方法主要有( )。

    A. 差数法   B. 除 2 法   C. 除 9 法   D. 逆查法

2. 更正错账时,划线更正法的适用范围是( )。

    A. 记账凭证上会计科目或记账方向错误,导致账簿记录错误

    B. 记账凭证正确,在记账时发生错误,导致账簿记录错误

    C. 记账凭证上会计科目或记账方向正确,所记金额大于应记金额,导致账簿记录错误

    D. 记账凭证上会计科目或记账方向正确,所记金额小于应记金额,导致账簿记录错误

3. 在下列各类错账中,应采用红字更正法进行更正的错账有( )。

    A. 记账凭证没有错误,但账簿记录有数字错误

    B. 因记账凭证中的会计科目有错误而引起的账簿记录错误

    C. 记账凭证中的会计科目正确但所记金额大于应记金额所引起的账簿记录错误

    D. 记账凭证中的会计科目正确但所记金额小于应记金额所引起的账簿记录错误

4. 收回货款 2 500 元存入银行,记账凭证的记录为——借:银行存款 2 580   贷:其他应收款 2 580,并已登入账。更正时需要编制的会计分录包括( )。

    A. 用蓝字金额借记"银行存款"账户 80 元,贷记"其他应收款"账户 80 元

    B. 用红字金额借记"银行存款"账户 80 元,贷记"其他应收款"账户 80 元

    C. 用红字金额借记"银行存款"账户 2 580 元,贷记"其他应收款"账户 2 580 元

    D. 用蓝字金额借记"银行存款"账户 2 500 元,贷记"应收账款"账户 2 500 元

5. 3 月 1 日,A 公司从银行提取现金 2 000 元备用,编制付款凭证时由于出纳粗心错记为 200 元,并已登记入账。当日查账时发现该错误。下列正确的更正方法是( )。

    A. 该记账凭证会计科目正确,但所记金额小于应计金额,应采用补充更正法

    B. 该记账凭证会计科目正确,但所记金额小于应计金额,应采用红字更正法

    C. 更正时应将少记金额 1 800 元填制一张蓝字金额凭证并据以登记入账

    D. 直接在账簿中用划线更正法更正金额,不必更正记账凭证

二、讨论题

1. 你认为企业会计人员在登账过程中可能会出现哪些错误?(举例说明)

2. 记账凭证或账簿出现错误应如何修改?

3. 你认为以下经济业务应如何进行更正?(要求说出更正方法和步骤)

计提折旧业务——某企业计提固定资产折旧,在编制记账凭证时误将应属于管理费用的行政部门用固定资产折旧 5 800 元计入制造费用,并已登记入账。

✈ 实训提示

1. 如果企业业务量较少,则可采用按经济业务先后顺序逐笔查找错误。如果企业业务量较大,则可以先采用个别检查法。个别检查法的差数法、除 2 法、除 9 法等应逐一使用,如果个别检查法仍未发现问题,则再采用逆查法进行全面检查。

2. 对查找发现的错误,应先确定发现错误的时间。如果在期末结账前,可采用划线更正法更正错误;如果在结账后,则要采用红字更正法或补充登记法更正错误。

3. 更正业务 1。划线更正法,在现金日记账借方 580 上划单红线注销,在其上方空白处用蓝笔写上 58,并在线尾盖名章。

4. 更正业务 2。红字更正法,记账凭证科目正确,金额少记(由于此笔业务涉及银行存款,为便于月末与银行对账单核对银行存款的余额,所以一般不采用补充登记法)。需填制两张记账凭证,一张红字金额冲销,一张蓝字金额更正。

5. 更正业务 3。补充登记法,记账凭证科目正确,金额少记,需填制一张蓝字金额记账凭证。

6. 更正业务 6。红字更正法,记账凭证科目正确,金额多记,与更正业务 2 同理,需填制两张记账凭证,一张红字金额冲销,一张蓝字金额更正。

7. 更正业务 10。红字更正法,记账凭证科目错误,需填制两张记账凭证,一张红字金额冲销,一张蓝字金额更正。

8. 更正错误的记账凭证应及时登记账簿才能起到更正错误的作用。

✈ 实训总结

个人撰写实训工作日志(样表附后)。

内容:实训日期、实训岗位、工作内容、工作小结(掌握内容、问题及建议)。

任务十二

银 行 对 账

✈ 实训目的

通过开设银行对账实训,要求学生掌握银行对账的基本方法以及银行存款余额调节表的编制方法。

✈ 实训时间

1课时。

✈ 实训任务

一、明确银行对账的目的

1. 检查单位和银行各自登记的银行存款账目的正确性。

2. 揭示因未达账项所造成的单位银行存款日记账余额与银行对账单余额之间的差额,列示未达账项。

3. 查明单位银行存款的实有数额,以避免开出空头支票受到银行罚款。

二、了解银行对账的基本方法

银行对账的基本方法是对账单法。

三、查找"未达账项"

在进行银行对账时,应注意的是:银行对账单所记录的银行存款增加和减少数,与单位日记账的记录相反。即贷方表示银行存款增加,借方表示银行存款减少。

任何一种未达账项的发生,都会造成开户银行与本单位账面余额的不一致。因此,在核对双方账目时,必须注意有无未达账项。对于双方账目上相符的记录,划上"√"的标记,无标记的则可能是未达账项。

四、编制"银行存款余额调节表"

未达账项应通过编制"银行存款余额调节表"进行检查核对,如没有记账错误,调节后的双方余额应相等。

✈ 实训步骤

1. 依据此前实训完成的银行存款日记账与本实训银行存款对账单相互核对。
2. 编制"银行存款余额调节表"。

✈ 实训资料

见任务十七　单项实训活动之实训活动十二。

✈ 实训思考

实训思考
参考答案 12

一、选择题

1. 下列各账簿中,必须逐日逐笔登记的是(　　　)。
   A. 应付票据明细账　　　　　　　　B. 银行存款日记账
   C. 应收账款明细账　　　　　　　　D. 现金日记账
2. 银行存款日记账账面余额与银行对账单余额核对,属于(　　　)。
   A. 账证核对　　　　　　　　　　　B. 账账核对
   C. 账实核对　　　　　　　　　　　D. 账表核对
3. 企业银行存款日记账与银行对账单余额不一致是由于(　　　)存在。
   A. 应收账款　　　　　　　　　　　B. 应付账款
   C. 未达账项　　　　　　　　　　　D. 记账有误
4. 下列(　　　)情况,单位银行存款账面余额会大于银行对账单余额。
   A. 企收银未收　　　　　　　　　　B. 银付企未付
   C. 银收企未收　　　　　　　　　　D. 企付银未付
5. 银行对账单所记录的银行存款增加和减少数,与单位日记账的记录相反。银行对账单记录的贷方金额表示(　　　)。
   A. 银行存款增加　　　　　　　　　B. 银行存款减少
   C. 未达账项　　　　　　　　　　　D. 不确定金额

二、讨论题

1. 你认为银行对账的法律依据有哪些?
2. 银行未达账项存在的四种情况及相关处理程序是什么?
3. 银行对账单可以用来作为登记银行存款日记账的依据吗?

✈ 实训提示

一、确认双方账簿记录是否相符

应从凭证种类、编号、摘要内容、记账方向和金额等方面按时间先后顺序进行逐一核对。

二、未达账项

对于未达账项,必须通过编制银行存款余额调节表调整双方余额,确认是否相等。以排除记账错误。

三、银行存款余额调节表

银行存款余额调节表只是为了核对账目,并不能作为调整银行存款账面余额的原始凭证。

四、具体方法

(一) 确认双方账簿记录是否相符

单位将银行存款日记账(式样见表12-1)中的借方和贷方的每笔记录分别与银行存款对账单(式样见表12-2)中的贷方和借方的每笔记录从凭证种类、编号、摘要内容、记账方向和金额等方面按时间先后顺序进行逐一核对。对双方都已登记的事项分别在各自有关数额旁边划"√"以作标记。在双方账单中没有划"√"标记的,不是未达账项就是账目记录的错误。

表 12-1 银行存款日记账

总第 _____ 页 分第 _____ 页
级科目编号及名称 工商银行 　　　　**银行存款**
级科目编号及名称 _____

××年 月/日	凭证 种类	凭证 号数	摘要	结算凭证	对方科目	日页	借方	贷方	借或贷	余额
1/1			上年结转						借	143 821.00 √
12/1			期初金额						借	215 179.00 √
12/2	记	2	购材料	信汇7474#	在途物资			67 800.00	借	147 379.00
5		4	纳税	税字0118#	应交税费			5 400.00		
5		5	纳税	税字9859#	应交税费			594.00		141 385.00
10		6	发工资	专凭4882#	应付职工薪酬			19 015.20	借	122 369.80
31		10	提现	现支0118#	库存现金			2 000.00	借	122 169.80
31		11	还利民货款	转支1222#	应付账款			3 000.00	借	92 169.80
31		12	收立新货款	进账单	应收账款		50 000.00		借	142 169.80 √
			本月合计				50 000.00	123 009.20	借	142 169.80
			本年合计				130 020.00	131 671.20	借	142 169.80
			结转下年							

表 12-2 中国工商银行存款对账单

网点号:0180　　　　　　　20××年 12 月 31 日　　　　　　币种:人民币 单位： 元

账号:123-123　　　　　户名:广和市永新有限责任公司　　　　　上页余额:215 179.00

日期	凭证种类	凭证号	摘要	借方 发生额	贷方 发生额	余额	网点号	柜员号
12.2	004	7474	货款	67 800.0 √		147 379.00	0180	2956
12.5	国税	0118	增值税	5 400.00 √		141 979.00	0180	2956
12.5	地税	9859	城、教	594.00 √		141 385.00	0180	5533
12.10	专用	4882	工资	19 015.20 √		122 369.80	0180	2968
12.30	000	1234	货款		15 600.00	137 969.80	0180	5533
12.31	005	0489	货款	387.00		137 582.80	0180	2562
							本页余额:137 582.80	

（二）确认双方记账是否正确

未达账项的存在是双方记账过程的正常现象。对于未达账项,应通过编制银行存款余额调节表进行调整。如果双方记账无误,调节后的双方余额应相等。如果双方记账有误,调节后的双方余额则不相等。

银行存款余额调节表的编制方法一般采用补记法。

　　补记法是在银行对账单与开户单位日记账的账面余额基础上,各自补记对方已入账而本单位尚未入账的金额(包括增加金额和减少金额),然后验证经过调节以后的账面余额是否相等。用等式表示,即:

　　企业银行存款日记账余额＋银行已收企业未收的账项－银行已付企业未付的账项＝银行对账单余额＋企业已收银行未收的账项－企业已付银行未付的账项。

银行存款余额调节表

开户银行:新外支行　　　　　　　　账号:123-123　　　　　　　20××年12月31日止

项目	入账日期 凭证号	金额	项目	入账日期 凭证号	金额
银行存款日记账余额		142 169.80	银行对账单余额		137 582.80
加:银行已收企业未收	12.30/1234#	15 600	加:企业已收银行未收	12.31	50 000
减:银行已付企业未付	12.31/0489#	387	减:企业已付银行未付	12.31/0118# 12.31/1222#	200 30 000
调节后余额		157 382.80	调节后余额		157 382.80

财会主管:学生姓名3　　　　复核:学生姓名2　　　　　　　制表:学生姓名1

✈ 实训总结

　　个人撰写实训工作日志(样表附后)。

　　内容:实训日期、实训岗位、工作内容、工作小结(掌握内容、问题及建议)。

任务十三
编制资产负债表

✈ 实训目的

通过开设编制资产负债表实训,要求学生掌握资产负债表的结构、内容和编制方法。帮助学生掌握编制会计报表的一般程序。

✈ 实训时间

2课时。

✈ 实训任务

1. 熟悉资产负债表的结构和内容。
2. 编制资产负债表。

✈ 实训步骤

一、结账和对账

在编制财务报表之前,必须认真审查和核对各种账簿记录,以保证账证相符、账账相符。结账就是按照规定的方法对本会计期间的账簿记录进行小结,结算出本期发生额合计和余额,以便根据账簿记录编制财务报表。

结账必须按照有关制度规定在期末进行,不得为赶编财务报表而提前结账,更不得先编制财务报表后结账。

二、编制资产负债表

在结账和对账的基础上,通过编制总分类账户本期发生额及余额试算平衡表来验算账目有无错漏,为正确编制财务报表提供可靠的数据。

在编制资产负债表时,应按报表的格式和内容,严格、认真地填写。报表中的项目,必须按规定填写齐全,不得漏报。没有数字的应填"—"号。报表项目数据,有的可根据总账填写,有的需根据明细账分析填列,有的需经过计算后填列。严禁弄虚作假,篡改数字。报表填写完毕,还必须认真复核,做到账表相符,报表与报表之间有关数字衔接一致。

✈ 实训资料

见任务十七　单项实训活动之实训活动十三。

✈ 实训思考

实训思考
参考答案 13

一、选择题

1. 以下资产负债表项目填列金额不相等的是(　　)。
   A. 流动资产合计与流动负债合计
   B. 非流动资产合计与非流动负债合计
   C. 资产合计与负债合计
   D. 资产合计与负债和所有者(或股东)权益合计

2. 下列资产负债表项目,不可以直接根据有关总账余额填列的是(　　)。
   A. 货币资金　　　　B. 存货　　　　C. 短期借款　　　　D. 应收账款

3. 甲企业期末"原材料"(按实际成本核算)账户余额为 1 000 万元,"生产成本"账户余额为 700 万元,"库存商品"账户余额为 1 500 万元。则甲企业期末资产负债表中"存货"项目的金额为(　　)万元。
   A. 1 000　　　　B. 1 700　　　　C. 2 500　　　　D. 3 200

4. 某企业"应付账款"账户月末贷方余额 4 万元,其中:"应付甲公司账款"明细账户贷方余额 3.5 万元,"应付乙公司账款"明细账户贷方余额 0.5 万元;"预付账款"账户月末贷方余额 3 万元,其中:"预付 A 公司账款"明细账户贷方余额 5 万元,"预付 B 公司账款"明细账户借方余额 2 万元。该企业月末资产负债表中"应付账款"项目的金额为(　　)万元。
   A. 9　　　　B. 3　　　　C. 4　　　　D. 7

5. 企业期末"本年利润"的借方余额为 17 万元,"利润分配"和"应付股利"账户贷方余额分别为 18 万元和 12 万元,则当期资产负债表中"未分配利润"项目金额应为(　　)万元。
   A. 20　　　　B. 13　　　　C. 8　　　　D. 1

二、讨论题

1. 在编制资产负债表时根据有关明细账户余额分析计算填列的账户有哪些? 分别如何计算填列?
2. 请分别从企业管理者、投资者、债权人、税务部门、政府主管部门、审计机构等报表使用者角度,分析讨论其使用报表的目的。

✈ 实训提示

一、示范编制资产负债表

(一) 基本方法

1. 根据全部总账账户期末余额填列"期末余额"栏。部分报表项目数据来源举例如下:

存货="在途物资"+"原材料"+"生产成本"+"库存商品"

  =0+17 400+0+57 339=74 739(元)

固定资产="固定资产"-"累计折旧"=55 579-2 640=52 939(元)

未分配利润="本年利润"(贷方余额)+"利润分配"(贷方余额)

    =0+66 395.18=66 395.18(元)

2. 根据上年年末资产负债表"期末余额"栏填列"年初余额"栏。

(二) 资产负债表(简表)

资产负债表

编制单位: 广和市永新有限责任公司　　　　　　20XX年12月31日　　　　　　　　　　　单位:元

资　产	期末余额	年初余额	负债和所有者权益(或股东权益)	期末余额	年初余额
流动资产:			流动负债:		
货币资金	141 501.80	144 421.00	短期借款	—	—
应收账款	84 520.00	—	应付账款	60 000.00	90 000.00
应收利息	—	—	应付职工薪酬	3 800.00	—
应收股利	—	—	应交税费	9 046.70	—
其他应收款	0	—	应付股利	—	—
存货	74 739.00	—	其他流动负债	—	—
流动资产合计	300 760.80	144 421.00	流动负债合计	72 846.70	90 000.00
非流动资产:			非流动负债:		
固定资产	52 939.00	55 579.00	长期借款	—	—
固定资产清理	—	—	非流动负债合计		
生产性生物资产	—	—	负债合计	72 846.70	90 000.00

（续表）

资　产	期末余额	年初余额	负债和所有者权益（或股东权益）	期末余额	年初余额
油气资产	—	—	所有者权益（或股东权益）：		
无形资产	—	—	实收资本（或股本）	206 180.68	110 000.00
长期待摊费用	—	—	资本公积	—	
递延所得税资产	—	—	盈余公积	7 377.24	—
其他非流动资产	—	—	未分配利润	66 395.18	—
非流动资产合计	52 939.00	55 579.00	所有者权益（或股东权益）合计	279 953.10	110 000.00
资产总计	352 799.80	200 000.00	负债和所有者权益（或股东权益）总计	352 799.80	200 000.00

二、资产负债表中某些项目要根据总账账户的期末余额分析填列

资产负债表编制的直接依据是发生额及余额试算平衡表，但总账中的账户和资产负债表中的项目不是一一对应的，这就要求资产负债表的编制人员要根据总账中的会计账户余额分析填列。例如，资产负债表中的货币资金项目应根据总账中的库存现金和银行存款账户余额合计填列，存货项目应根据总账中的原材料、生产成本、库存商品等账户期末余额合并填列。

✈ 实训总结

个人撰写实训工作日志（样表附后）。

内容：实训日期、实训岗位、工作内容、工作小结（掌握内容、问题及建议）。

任务十四
编制利润表

✈ 实训目的

通过开设编制利润表实训,要求学生掌握利润表的结构、内容和编制方法,帮助学生掌握编制会计报表的一般程序。通过装订记账凭证、会计账簿和会计报表,掌握基本装订方法。

✈ 实训任务

1 课时。

✈ 实训内容

1. 熟悉利润表的结构和内容。
2. 编制利润表。

✈ 实训步骤

1. 结账和对账。
2. 编制利润表。

✈ 实训资料

见任务十七　单项实训活动之实训活动十四。

✈ 实训思考

实训思考
参考答案 14

一、选择题

1. 多步式利润表中利润总额的计算基础是(　　)。

　　　　A. 营业收入　　　　B. 营业成本　　　C. 营业外收入　　　D. 营业利润

　2. 利润表的特点有(　　　)。

　　　　A. 根据相关账户的本期发生额编制　　B. 根据相关账户的期末余额编制

　　　　C. 属于静态报表　　　　　　　　　　D. 属于动态报表

　3. 下列各项中,不会影响营业利润金额增减的是(　　　)。

　　　　A. 资产减值损失　　　　　　　　　　B. 财务费用

　　　　C. 其他业务收入　　　　　　　　　　D. 营业外收入

　4. 以下项目中,会影响营业利润计算的有(　　　)。

　　　　A. 营业外收入　　　　　　　　　　　B. 税金及附加

　　　　C. 营业成本　　　　　　　　　　　　D. 销售费用

　5. 利润表中的"营业成本"项目填列的依据有(　　　)。

　　　　A. "营业外支出"发生额　　　　　　　B. "主营业务成本"发生额

　　　　C. "其他业务成本"发生额　　　　　　D. "税金及附加"发生额

二、讨论题

　1. 你认为编制利润表的意义是什么?

　2. 在实训中,利润表应当单独列示反映的信息项目有哪些?

　3. 利润表中的栏目分为"本期金额栏"和"上期金额栏",请说明"本期金额栏"和"上期金额栏"的填列方法。

✈ 实训提示

一、示范编制利润表

(一) 基本方法

　　根据损益类账户本期发生额填列"本期金额"栏。计算各项目内容如下:

　1. 营业收入＝"主营业务收入"＋"其他业务收入"

　　　　　　　＝90 000＋0＝90 000(元)

　2. 营业成本＝"主营业务成本"＋"其他业务成本"

　　　　　　　＝65 159＋0＝65 159(元)

　3. 税金及附加＝"税金及附加"＝561(元)

　4. 管理费用＝"管理费用"＝5 541.20(元)

　5. 营业利润＝营业收入－营业成本－"税金及附加"－"销售费用"－"管理费用"＋"财务费用"＋"投资收益"

　　　　　　　＝90 000－65 159－429－5 541.2＝18 870.80(元)

　　6. 利润总额＝营业利润＋"营业外收入"－"营业外支出"
　　　　　　　　＝18 870.8＋0－0＝18 870.80(元)

　　7. 净利润＝利润总额－"所得税费用"
　　　　　　＝18 870.8－4 717.7＝14 153.10(元)

(二) 利润表

利润表

编制单位:广和市永新有限责任公司　　　　　　20××年 12 月　　　　　　　　　单位:元

项　目	本期金额	本年累计金额
一、营业收入	90 000.00	(本栏略)
减:营业成本	65 159.00	
税金及附加	429.00	
销售费用	—	
管理费用	5 541.20	
财务费用		
资产减值损失	—	
加:公允价值变动收益(损失以"－"号填列)	—	
投资收益(损失以"－"号填列)	—	
其中:对联营企业和合营企业的投资收益	—	
二、营业利润(亏损以"－"号填列)	18 870.80	
加:营业外收入	—	
减:营业外支出	—	
其中:非流动资产处置损失	—	
三、利润总额(亏损总额以"－"号填列)	18 870.80	
减:所得税费用	4 717.70	
四、净利润(净亏损以"－"号填列)	14 153.10	
五、每股收益:		
(一) 基本每股收益	—	
(二) 稀释每股收益	—	

二、编制利润表依据

　　主要根据损益类账户结转到"本年利润"账户的本期发生额填列。

✖ 实训总结

　　个人撰写实训工作日志(样表附后)。
　　内容:实训日期、实训岗位、工作内容、工作小结(掌握内容、问题及建议)。

任务十五

编 制 现 金 流 量 表

✈ 实训目的

通过开设编制现金流量表实训,要求学生掌握现金流量表的结构、内容和编制方法。帮助学生掌握编制会计报表的一般程序。

✈ 实训时间

1课时。

✈ 实训任务

1. 了解现金流量表的结构和内容。
2. 编制现金流量表。

✈ 实训步骤

1. 经济业务发生时,根据原始凭证填制记账凭证。注意在填制影响现金及现金等价物收支的经济业务的记账凭证时,摘要的填写内容要尽量接近与之对应的现金流量表项目,以便对记账凭证进行分析时易于区分。

2. 月末找出影响现金流的记账凭证,进行认真分析,并将数据填入现金流量项目汇总表对应项目。现金流量表项目汇总表的格式可参照现金流量表的主表格式。

3. 在编制现金流量表时,应按报表的格式和内容,严格、认真地填写。报表中的项目,必须按规定填写齐全,不得漏报。没有数字的应填"—"号。报表指标可以直接从工作底稿中过入。严禁弄虚作假,篡改数字。报表填写完毕,还必须认真复核,做到账表相符,报表与报表之间有关数字衔接一致。

4. 将现金流量项目汇总表中计算得出的第五项"现金及现金等价物净增加额"的结果与当期"现金及现金等价物各账户的期末余额汇总数－期初余额汇总数"得出的结果相核对,检查两者是否一致。

5. 根据每月现金流量项目汇总表填制现金流量表主表。将现金流量项目汇总表的各项目汇总金额过入现金流量表主表对应项目,完成当月现金流量表主表的编制。

6. 年终,将本年12个月的现金流量主表各项目的"汇总金额"加总填入本年现金流量主表。

然后,按照准则的要求,结合资产负债表及利润表,采用间接法填制现金流量表附表。

✈ 实训资料

见任务十七　单项实训活动之实训活动十五。

✈ 实训思考

实训思考
参考答案 15

一、选择题

1. 下列项目中,符合现金流量表中现金概念的是(　　)。
   A. 企业存在银行两年的定期存款
   B. 企业销售商品收到为期 1 个月的商业汇票
   C. 不能随时用于支取的存款
   D. 从购入日开始计算 3 个月内到期的国债
2. 支付的在建工程人员的工资属于(　　)活动产生的现金流量。
   A. 筹资活动　　　　B. 经营活动　　　　C. 汇率活动　　　　D. 投资活动
3. 下列各项中,属于筹资活动产生的现金流量的是(　　)。
   A. 收回债券投资所收到的现金
   B. 吸收权益性投资所收到的现金
   C. 发行债券所收到的现金
   D. 借入资金所收到的现金
4. 能引起现金流量净额变动的项目是(　　)。
   A. 用银行存款购买 2 个月到期的债券　　B. 用存货清偿债务
   C. 将现金存入银行　　　　　　　　　　D. 用银行存款清偿 20 万元的债务
5. 甲公司为增值税一般纳税企业,2011 年度,甲公司主营业务收入为 1 000 万元,增值税销项税额为 170 万元;应收账款期初余额为 100 万元,期末余额为 40 万元;另外,本期因商品质量问题发生退货 3 万元,已通过银行存款支付。假定不考虑其他因素,甲公司该年度现金流量表中"销售商品、提供劳务收到的现金"项目的金额为(　　)万元。
   A. 1 125　　　　　B. 1 227　　　　　C. 1 230　　　　　D. 1 130

二、讨论题

1. 你认为编制现金流量表的作用有哪些?
2. 企业支付给所有全体职工的工资,是否都应该作为经营活动产生的现金流量,列入其中"支付给职工以及为职工支付的现金"项目? 如果不是,请举例说明。
3. 有人认为,企业借银行的钱最终是"连本带利"一起归还,所以企业偿还银行借款的本金和利息,都应该反映在"偿还债务支付的现金"项目中。说说你的看法和理由。

✈ 实训提示

一、示范编制现金流量表

(一)基本方法

基本公式:现金流量净额=现金流入-现金流出。具体项目可以用分析填列法,找出影响现金流的记账凭证,进行认真分析,并将数据填入现金流量项目汇总表对应项目"本期金额"栏。部分报表项目数据计算举例如下:

1. 业务 4:缴纳上月税费,含增值税、城建税和教育费附加。分析:该业务属于经营活动,在经营活动下"支付的各项税费"中填列 5 400+594=5 994(元)。

2. 业务 9:提现业务。分析:该业务属于现金各项目之间的增减变动,不会影响现金流量净额的变动,不进入现金流量表。

(二)现金流量表(简表)

现金流量表

编制单位:广和市永新有限责任公司   20XX 年 12月   单位:元

项目	本期金额	上期金额
一、经营活动产生的现金流量:		(本栏略)
销售商品、提供劳务收到的现金:	50 000.00	
收到的其他与经营活动有关的现金:	58.00	
经营活动现金流入小计	50 058.00	
购买商品、接受劳务支付的现金	97 800.00	
支付给职工以及为职工支付的现金	19 015.20	
支付的各项税费	5 994.00	
支付的其他与经营活动有关的现金		
经营活动现金流出小计	122 809.20	
经营活动产生的现金流量净额	-72 751.20	
二、投资活动产生的现金流量:		
收回投资所收到的现金	—	
取得投资收益所收到的现金	—	
处置固定资产、无形资产和其他长期资产所收回的现金净额	—	
收到的其他与投资活动有关的现金		

（续表）

项目	本期金额	上期金额
投资活动现金流入小计	—	
购建固定资产、无形资产和其他长期资产所支付的现金	—	
投资所支付的现金	—	
支付的其他与投资活动有关的现金	—	
投资活动现金流出小计	—	
投资活动产生的现金流量净额	—	
三、筹资活动产生的现金流量：		
吸收投资所收到的现金	—	
取得借款所收到的现金	—	
收到的其他与筹资活动有关的现金	—	
投资活动现金流入小计	—	
偿还债务所支付的现金	—	
分配股利、利润和偿付利息所支付的现金	—	
支付的其他与筹资活动有关的现金	—	
投资活动现金流出小计	—	
筹资活动产生的现金流量净额	—	
四、汇率变动对现金的影响	—	
五、现金及现金等价物净增加额	-72 751.20	
加：期初现金及现金等价物余额	216 053.00	
六、期末现金及现金等价物余额	144 301.80	

二、其他方法

现金流量表中的项目主要根据记账凭证的内容是否涉及现金流分析填列。如果业务比较多的情况，可以用工作底稿法或者 T 型账户法，以利润表和资产负债表为基础，结合有关账户的记录，对现金流量表的每一项目进行分析并编制调整分录，据以编制现金流量表。

✈ 实训总结

个人撰写实训工作日志（样表附后）。
内容：实训日期、实训岗位、工作内容、工作小结（掌握内容、问题及建议）。

任务十六

会 计 资 料 的 管 理

✈ 实训目的

通过开设会计资料管理实训,要求学生了解会计资料的立卷、归档、保管、查阅和销毁的管理规定,掌握装订会计凭证、会计账簿和会计报表的基本程序和方法,加深对会计资料管理重要性和规范性的认识。

✈ 实训时间

1 课时。

✈ 实训任务

《会计档案管理办法》第五条规定:单位应当加强会计档案管理工作,建立和完善会计档案的收集、整理、保管、利用和鉴定、销毁等管理制度,采取可靠的安全防护技术和措施,保证会计档案的真实、完整、可用、安全。

《会计档案管理办法》第六条规定,下列会计资料应当进行归档:

(1) 会计凭证,包括原始凭证、记账凭证;

(2) 会计账簿,包括总账、明细账、日记账、固定资产卡片及其他辅助性账簿;

(3) 财务会计报告,包括月度、季度、半年度、年度财务会计报告;

(4) 其他会计资料,包括银行存款余额调节表、银行对账单、纳税申报表、会计档案移交清册、会计档案保管清册、会计档案销毁清册、会计档案鉴定意见书及其他具有保存价值的会计资料。

一、会计资料的立卷

(一) 会计凭证的装订立卷

凭证装订是会计资料整理的基础工作,需要做得十分细致。凭证什么时候装订,应按单位会计资料管理要求而定,但最少每月应装订一次。

1. 会计凭证装订前的准备工作

凭证记账后，应及时装订。装订的范围：原始凭证、记账凭证、科目汇总表等等。科目汇总表的工作底稿也可以装订在内，作为科目汇总表的附件。

装订前首先应将凭证进行整理。会计凭证的整理工作，主要是对凭证进行排序、粘贴和折叠。主要内容包括：

（1）原始凭证附在记账凭证后的顺序应与记账凭证所记载的内容顺序一致，检查附件有否漏缺、附件的项目是否按要求填全，如领料单、入库单、工资及奖金发放单是否随附齐全。

（2）整理检查凭证顺序号，通用记账凭证一个月从头编一次序号。收款凭证、付款凭证和转账凭证每月按分类顺序编号。如序号有颠倒应重新排列，发现缺号要查明原因。

（3）对于纸张面积过小或过大的原始凭证，一般不能直接装订。过小可先按一定次序和类别排列，再粘在一张同记账凭证大小相同的白纸或规定凭证上，粘贴时以胶水为宜。小票应分张排列，同类同金额的单据尽量粘在一起，同时，在一旁注明张数和合计金额。如果是板状票证（如火车票），可以将票面票底轻轻撕开，厚纸板弃之不用。过大的原始凭证须靠左靠上对齐记账凭证，折叠成与记账凭证大小相符，可按记账凭证的面积尺寸，先自右向后，再自下向后两次折叠。注意不要折到装订线里面，以便装订后，还可以展开查阅。

有的原始凭证不仅面积大，而且数量多，可以单独装订，如工资单，耗料单。但在记账凭证上应注明保管地点。

（4）记账凭证上有关人员（财务主管、复核、记账、制单等）的印章是否齐全。

（5）摘除凭证内的金属物（如订书钉、大头针、回形针），将原始凭证连同原始凭证汇总表折叠对齐（一般为左上角对齐）。

2. 会计凭证的装订要求

装订就是将一札一札的会计凭证装订成册，从而方便保管和利用。装订之前，要设计一下，看一个月的记账凭证究竟订成几册为好。每册的厚薄应基本保持一致，不能把几张应属一份记账凭证附件的原始凭证拆开装订在两册之中，要做到既美观大方又便于翻阅。

一本凭证，厚度一般以 1.5～2.0 厘米为宜。过薄，不利于戳立放置；过厚，不便于翻阅核查。凭证装订的各册，一般以月份为单位，每月订成一册或若干册。凭证少的单位，可以将若干个月份的凭证合并订成一册，在封皮注明本册所含的凭证月份。

装订前，要以会计凭证的左侧、上侧为准，放齐，准备好装订机或小手电钻，还有线绳、铁夹、胶水、凭证封皮、包角纸。

装订采用"角订法"装订，用夹子夹住一册会计凭证，在左上角包角对角线部位分布均匀地打两个眼儿，装订凭证应使用棉线，用大针引线穿过两个眼儿，引线时在凭证左边和上边要绕紧线，在凭证的背面打结，在包角侧面和凭证背面抹上胶水，折叠，将背面的线绳扣粘死，装订人在装订线封签处签名或者盖章。

目前，大部分有条件的单位都采用财务凭证装订机和热铆装订机，快速、简便又美观，按其使用说明操作即可。

3. 会计凭证装订后的注意事项

每本封面上填写好凭证种类、起止号码、凭证张数、会计主管人员和装订人员签章。

在封面上编好卷号，按编号顺序入柜，并在显露处标明凭证种类编号，以便于调阅。

4. 记账凭证封面、封底、包角式样

记账凭证封面

广和市永新有限责任公司

记账凭单封面	
时间	20××年 12 月份
册数	本月共 1 册 本册是第 1 册
张数	本册自第 1 号至第 24 号共 50 张
附记	

负责人：朱华   制单：高胜

记账凭证封底

抽出凭证登记表								
抽出时间	凭证种类	号码	张数	抽出理由	抽取人盖章	会计主章盖章	归还日期	备注

包角

20××年 12 月
自第 1 号起
至第 24 号止
第 1 册
共 1 册

（二）会计账簿的装订立卷

各种会计账簿年度结账后,除跨年使用的账簿外,其他账簿应按时整理立卷。基本要求如下。

1. 账簿装订前准备

账簿装订前,首先按账簿启用表的使用页数核对各个账户是否相符,账页数是否齐全,序号排列是否连续;然后按会计账簿封面、账簿启用表、账户目录、该账簿按页数顺序排列的账页、会计账簿封底的顺序装订。

2. 活页账簿装订要求

保留已使用过的账页,将账页数填写齐全,去除空白页和撤掉账夹,用牛皮纸封面、封底装订成册。

多栏式活页账、三栏式活页账、数量金额式活页账等不得混装,应按同类业务、同类账页装订在一起。

在已装订的账簿封面上填写好账目的种类,编好卷号,会计主管人员和装订人(经办人)签章。

3. 账簿装订后的其他要求

会计账簿应牢固、平整,不得有折角、缺角、错页、掉页、夹空白纸的现象。

会计账簿的封口要严密,封口处要加盖有关印章。

封面项目应齐全、平整,并注明所属年度及账簿名称、编号,编号为一年一编,编号顺序为总账、现金日记账、银行存款日记账、分户明细账。

会计账簿按保管期限分别编制卷号,如现金日记账全年按顺序编制卷号;总账、各类明细账、辅助账全年按顺序编制卷号。

4. 会计账簿封面式样

会计账簿封面

单 位 名 称	广和市永新有限责任公司							
账 簿 名 称	明细分类账							
所 属 年 度	20×× 年度		装 订 册 数	1		第 1 册 （共 1 册）		
起 讫 页 码	自第 1 页 至第 32 页 （共 32 页）							
经 管 人 员	单位主管		财务主管		记 账		装 订	
	姓 名	盖 章	姓 名	盖 章	姓 名	盖 章	姓 名	盖 章
	王守则	王守则	朱华	朱华	高胜	高胜	高胜	高胜
备 注								

（三）会计报表的装订立卷

会计报表编制完成及时报送后,留存的报表应按月装订成册,谨防丢失。小单位可按季装订成册。装订要求是:

（1）会计报表装订前要按编报目录核对是否齐全,整理报表页数,上边和左边对齐压平,防止折角,如有损坏部位,须修补,完整无缺地装订。

（2）会计报表装订顺序为:会计报表封面、会计报表编制说明、各种会计报表(按会计报表的编号顺序排列)、会计分析、会计报表的封底。

（3）按保管期限编制卷号。

（4）外部报表和内部管理报表应分开装订,特别应重视内部管理报表的整理、装订和保管。

（5）会计报表封面式样

（四）其他会计资料的装订立卷

除以上三类外，银行存款余额调节表、银行对账单、各种经济合同、各种涉外经济文件等重要的会计专业资料，也需要整理、保存。对这些文件，应分门别类地进行整理、登记，并根据企业需要装订成册。

二、了解会计资料的归档保管

1. 办理人员。单位的会计机构或会计人员所属机构（以下统称单位会计管理机构）按照归档范围和归档要求，负责定期将应当归档的会计资料整理立卷，编制会计档案保管清册。

2. 归档时间。当年形成的会计档案，在会计年度终了后，可由单位会计管理机构临时保管一年，再移交单位档案管理机构保管。因工作需要确需推迟移交的，应当经单位档案管理机构同意。

单位会计管理机构临时保管会计档案最长不超过三年。临时保管期间，会计档案的保管应当符合国家档案管理的有关规定，且出纳人员不得兼管会计档案。

3. 移交手续。单位会计管理机构在办理会计档案移交时，应当编制会计档案移交清册，并按照国家档案管理的有关规定办理移交手续。

纸质会计档案移交时应当保持原卷的封装。

三、了解会计档案的查阅

1. 借出单位建立登记制度。单位应当严格按照相关制度利用会计档案，在进行会计档案查阅、复制、借出时履行登记手续，严禁篡改和损坏。

单位保存的会计档案一般不得对外借出。确因工作需要且根据国家有关规定必须借出的，应当严格按照规定办理相关手续。

2. 借用单位履行手续、原样归还。会计档案借用单位应当妥善保管和利用借入的会计档案，确保借入会计档案的安全完整，并在规定时间内归还。

四、了解会计档案的销毁

1. 建立会计档案销毁清册。单位档案管理机构编制会计档案销毁清册,列明拟销毁会计档案的名称、卷号、册数、起止年度、档案编号、应保管期限、已保管期限和销毁时间等内容。

2. 有关责任人签署意见。单位负责人、档案管理机构负责人、会计管理机构负责人、档案管理机构经办人、会计管理机构经办人在会计档案销毁清册上签署意见。

3. 监销人履行档案销毁手续。单位档案管理机构负责组织会计档案销毁工作,并与会计管理机构共同派员监销。监销人在会计档案销毁前,应当按照会计档案销毁清册所列内容进行清点核对;在会计档案销毁后,应当在会计档案销毁清册上签名或盖章。

4. 不得销毁的会计档案处理。保管期满但未结清的债权债务会计凭证和涉及其他未了事项的会计凭证不得销毁,纸质会计档案应当单独抽出立卷,电子会计档案单独转存,保管到未了事项完结时为止。

单独抽出立卷或转存的会计档案,应当在会计档案鉴定意见书、会计档案销毁清册和会计档案保管清册中列明。

✈ 实训步骤

一、整理装订会计凭证

在装订会计凭证之前,首先按规定检查、整理记账凭证及所附原始凭证;然后填写封面、包角;最后按照如下顺序排列装订成 1 册:包角(反面朝上)、封面、科目汇总表、1 号通用记账凭证、1 号所附原始凭证、2 号通用记账凭证、2 号所附原始凭证……24 号通用记账凭证、专用收款凭证1 号……专用付款凭证 1 号……专用转账凭证 1 号……封底。

二、整理装订会计账簿

在装订会计账簿之前,首先按规定检查、分别整理总分类账、日记账和明细分类账账页,总分类账和明细分类账账页排列顺序为资产、负债、所有者权益、成本和损益类账户;然后分别填写四册账的封面;最后按照如下顺序装订:第一册为总分类账,第二册为现金日记账,第三册为银行存款日记账,第四册为明细分类账。年终装订时用线绳打结,封条封口,盖骑缝章。

三、整理装订会计报表

在装订会计报表之前,首先按规定检查报表,然后填写封面,按照资产负债表、利润表、现金流量表等顺序装订。

✈ 实训资料

见任务十七　单项实训活动之实训活动十六。

✈ 实训思考

实训思考
参考答案 16

一、选择题

1. 会计凭证装订前整理时符合要求的是(　　)。
   A. 按顺序整理凭证,确保记账凭证和原始凭证一致,单据完整,入账时缺单的须及时补全
   B. 目前一般采用装订机和塑料管热铆装订,为防止刀口断裂(切割刀维修成本很高),须在整理时清除掉大头针、回形针、订书钉等金属硬物
   C. 若原始凭证与记账凭证大小不一致,须靠左靠上对齐单据。过大的原始凭证须折叠成与记账凭证大小相符,且不要折到装订线里面,过小的须粘到粘贴单上再装订
   D. 同类凭证放在一起归类整理:如现金凭证、银行凭证、转账凭证等分类顺序装订
2. 账簿资料管理中,错误的是(　　)。
   A. 按封面、账簿启用表、目录、账页、封底顺序整理装订
   B. 总账、日记账、三栏式明细账、多栏式明细账、数量金额式明细账分类整理装订
   C. 手工记账中,当年订本式账簿如总账、日记账等,业务比较少,大部分未用完的可结转下年接着使用;电算化会计则不存在这个问题
   D. 手工记账中,活页式账簿装订前须抽去空白页和作废页,重新编页码再装订;电算化会计则不存在这个问题
3. 会计报表及其他资料的装订保管要求是(　　)。
   A. 按月报、季报、年报分别整理装订,包括封面、报表编制说明、报表、财务分析、封底等
   B. 外部报表和内部管理报表应分开装订,特别应重视内部管理报表的整理、装订和保管
   C. 其他资料包括:经济合同、会议纪要、文件、历次的各种审计报告及数据,也应当分类、按时间顺序编写目录,并存档保管
   D. 装订前上边和左边对齐压平,若厚度不够,可在装订的一边垫些折纸,但要注意整齐,不影响翻阅
4. 会计资料归档后的管理不符合要求的是(　　)。
   A. 会计资料须指定专人负责保管,不得随便接触和取阅,出纳也可兼管会计档案保管工作
   B. 使用时,须经主管人员批准后方可在保管人处签字取阅;归还时则应及时签字注销
   C. 原件一般不得借出,经领导批准后可复印并加注使用说明
   D. 不得任意自行销毁会计资料,对已到保管期限的资料须经审批后,由财政部门、审计部门派员监销

5. 采用会计电算化的单位会计资料管理要求正确的是(   )。

    A. 由于有电子的会计资料数据,纸质的会计资料可有可无,因此可以对纸质档案放低要求

    B. 电子的会计资料由于存储介质的特殊性,要注意防潮、防消磁等,多备份、常备份和转存存储介质

    C. 注意会计电算化系统的升级维护和安全性维护,与系统开发商保持良好沟通

    D. 注意保持会计电子资料的连续性、完整性,便于为审计等工作提供原始准确的会计信息;对账表在互不关联模块各系生成的电算化系统,特别要注意账证核对、账表核对,确保账证一致、账表一致

二、讨论题

1. 会计凭证归档有哪些要点?

2. 会计资料保管注意哪些问题?

3. 保管期满的会计档案如何处理?

4. 会计资料包括哪些? 哪些会计资料必须永久保存?

✈ 实训提示

1. 装订会计凭证。

2. 装订会计账簿。

3. 装订会计报表。

✈ 实训总结

个人撰写实训工作日志(样表附后)。

内容:实训日期、实训岗位、工作内容、工作小结(掌握内容、问题及建议)。

任务十七
单项实训活动

✗ 实训活动一　填审原始凭证

一、企业简介

　　广和市永新有限责任公司是一家民营一般纳税人企业。法定代表人：王守则。

　　税号：××0000123456789；开户银行：市工商银行新外支行；账号：123－123；银行预留印鉴：财务专用章、会计主管名章；地址：广和市星光路688号；电话：6660999；邮政编码：××0000。

　　该公司设一个车间，生产单一产品A，使用材料甲、乙两种。材料全部外购，原材料、库存商品按实际成本计价。

　　会计期间为20××年1月1日至20××年12月31日；公司发生业务期间为20××年12月1日至20××年12月31日。

二、企业业务

　　20××年12月份发生下列经济业务：

　　【业务1】12.1 李林报销差旅费442元，原借支500元。（原始凭证01、02）

广和市永新有限责任公司外埠出差费报销单（代转账凭证）　　01
20××年12月1日　　附单据凭证6张

部门		厂部办公室		出差人姓名		李 林		事由		业务培训	
起止时间地址				车船票		在途补贴		住宿费		住勤补贴	其 他
月日	起程	月日	到达	人天	金额	人天	金额	人天	金额	人天	金额	金额
11.27	广和	11.27	上海		58				220		60	46
11.29	上海	11.29	广和		58		转讫					
小　计：¥442.00					116				220		60	46

原借支500.00　　核销442.00　　退补58.00　　共计人民币（大写）：肆佰肆拾贰元整

部门主管：王 斌　　财会主管：朱 华　　出纳：　　　　报销人：李 林

广和市永新有限公司差旅费结算单　　02

年　月　日

出差事由		出差地点	
出差人员		预计天数	

| 借款金额 | 人民币（大写） | | | | 千 | 百 | 十 | 元 | 角 | 分 |

结算记录	日　期	报销总额	交回余额	补领不足	原借款人盖章	财务结算公章
					李林	**现金收讫**
	交回补领 金额	人民币（大写）			12.1	经办人签章

【业务 1 指导】

厂部办公室人员李林报销差旅费应列作管理费用。

工作程序

(1) 出纳审核原始凭证并依据该业务外埠出差费报销单填制差旅费结算单,其格式如 01、02 所示。

(2) 成本会计审核原始凭证,并根据审核无误的原始凭证填制记账凭证。

(3) 主管审核记账凭证。

(4) 成本会计根据审核后的记账凭证登记"管理费用"、"其他应收款"明细账;出纳登记"库存现金"日记账。

(5) 主管根据审核后的记账凭证登记总账。

凭证式会计分录示范

(1) 12.1　李林报旅费退余款　借:管理费用——差旅费　442

　　　　　　　　　　　　　　　　库存现金　　　　　　　58

　　　　　　　　　　　　　　贷:其他应收款——李林　　500(转账凭证、现收凭证)

【业务2】12.2购甲材料500件，单价120元，增值税10 200元。开出中国工商银行信汇凭证1份（号码：09857474），用于支付购货款。（原始凭证03至05）

××0000002130　　　　××省增值税专用发票　　　06242535 **03**

抵　扣　联　　　　　开票日期：20××年12月2日　03

	名　　称	广和市永新公司				186++98-9*0++*898		
购货单位	纳税人识别号	××000123456789			密码区	74-//653>*/>2>/2281 加密版本：01		
	地址、电话	广和星光路688号 6660999				55*-75+>->-474-5421　××00002130		
	开户行及账号	新外支行123-123				-0510/348*>>1200-8>/　06242535		

货物或应税劳务名称	规格型号	单位	数量	单价	金额	税率	税额
甲		件	500	120	60 000.00	13%	7 800.00

价税合计（大写）	⊗陆万柒仟捌佰元整		（小写）￥67 800.00

销货单位	名　　称	明州市友华机械厂	备注	
	纳税人识别号	××000234535454		
	地址、电话	明琅路148号 3088980		发票专用章
	开户行及账号	明支行022-4456751566		

收款：沙小易　　复核人：刘伟　　开票人：吴芬　　销货单位：（章）

××0000002130　　　　××省增值税专用发票　　　06242535 **04**

发　票　联　　　　　开票日期：20××年12月2日　04

	名　　称	广和市永新公司				186++98-9*0++*898		
购货单位	纳税人识别号	××000123456789			密码区	74-//653>*/>2>/2281 加密版本：01		
	地址、电话	广和星光路688号 6660999				55*-75+>->-474-5421　××00002130		
	开户行及账号	新外支行123-123				-0510/348*>>1200-8>/　06242535		

货物或应税劳务名称	规格型号	单位	数量	单价	金额	税率	税额
甲		件	500	120	60 000.00	13%	7 800.00

价税合计（大写）	⊗陆万柒仟捌佰元整		（小写）￥67 800.00

销货单位	名　　称	明州市友华机械厂	备注	
	纳税人识别号	××000234535454		
	地址、电话	明琅路148号 3088980		发票专用章
	开户行及账号	明支行022-4456751566		

收款：沙小易　　复核人：刘伟　　开票人：吴芬　　销货单位：（章）

中国工商银行信汇凭证（回 单）

委托日期　年　月　日　　　　　　　No.09857474　　　　　　05

汇款人	全　称					收款人	全　称					第一联汇出行给汇款人的回单
	账　号或住址						账　号或住址					
	汇出地点		省市	汇出行名称			汇入地点		省市	汇入行名称		

金额	人民币：（大写）				千	百	十	万	千	百	十	元	角	分

汇款用途：		汇出行盖章	
所列款项已根据委托办理，如需查询，请持此回单来面洽。			年　月　日
单位主管　　会计　　复核　　记账			

【业务2指导】

增值税专用发票抵扣联,作为一般纳税人在增值税纳税申报时用于抵扣销项税额的凭证,供税务部门核查,该凭证在会计填凭证时不作为记账凭证的附件,应单独装订保管。增值税专用发票发票联作为购货的凭据,根据单位经营的特点,记入材料成本。工商银行信汇凭证回单联,表明所购货物的价税款已通过银行采用信汇方式进行结算。

工作程序

(1) 出纳审核原始凭证增值税专用发票抵扣联、发票联,其格式如03、04所示,并依据该业务填制工商银行信汇凭证,其格式如05所示。

(2) 成本会计审核原始凭证,并根据审核无误的原始凭证填制记账凭证。

(3) 主管审核记账凭证。

(4) 成本会计根据审核后的记账凭证登记"在途物资"明细账;涉税会计登记"应交税费"明细账;出纳登记"银行存款"日记账。

(5) 主管根据审核后的记账凭证登记总账。

凭证式会计分录示范

(2) 12.2　购甲材料500件付款　借:在途物资——甲　　　　　　　　60 000

抵扣联另存　　　　　　　　应交税费——应交增值税(进项税额)　7 800

信汇7474#　　　　　　　　贷:银行存款——工行　　　　　　　67 800(银付凭证)

【业务3】12.2 上述材料入库。（原始凭证06）

广和市永新公司材料入库单

NO. 09456461　　06

供货单位：**明州友华机械厂**

发票号：**6242535**　　　　入库日期 20××年12月2日

第二联　财务联

名称	规格	单位	数量		单价	金额	运杂费	金额合计	备注
			应收	实收					
甲		件	500	500	120	60000		60000	
									合同号20113
合 计									

会计：成本会计　　　保管：尚雯秀　　　验收：边江　　　制表：李云

【业务4】12.5 缴纳上月税费（原始凭证07、08）

工商银行（　银税　）付款通知书

07

日期 20××-12-05

机构号 账务中心　　　　交易代码 760931

单位名称	广和市永新有限公司	
账号	123-123	
摘要	国税20××年11月1日至20××年11月31日税款　一般增值税	5 400.00
	金额合计	¥5 400.00
金额合计（大写）	伍仟肆佰元整	

流水号 ETAXB010118　　　　　　经办1201278

工商银行（　银税　）付款通知书

08

日期 20××-12-05

机构号 账务中心　　　　交易代码 760932

单位名称	广和市永新有限公司	
账号	123-123	
摘要	地税20××年11月1日至20××年11月31日税款	
教育费附加收入	162.00	
地方教育费附加	54.00	
城市维护建设税	378.00	
	金额合计	¥594.00
金额合计（大写）	伍佰玖拾肆元整	

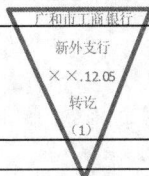

流水号 ETAXB019859　　　　　　经办1201278

【业务3指导】

材料入库单是广和市永新有限公司办理材料入库手续的凭证,也是财会人员核算验收入库材料成本的依据。

工作程序

(1)成本会计审核广和市永新有限公司材料入库单一式四联财务联,其格式如06所示。

(2)成本会计根据审核无误的原始凭证填制记账凭证。

(3)主管审核记账凭证。

(4)成本会计根据审核后的记账凭证登记"原材料"、"在途物资"明细账。

(5)主管根据审核后的记账凭证登记总账。

【业务4指导】

原始凭证07、08都有银行加盖的"转讫"章,表明所付金额已由银行存款账户支付。凭证上"20××年11月1日至20××年11月31日"表示企业缴纳的是上月的税费。实务中,增值税交国税机关,城市维护建设税和教育费附加交地税机关。

工作程序

(1)涉税会计审核原始凭证并根据审核无误的原始凭证填制记账凭证,其格式如07、08所示。

(2)主管审核记账凭证。

(3)涉税会计根据审核后的记账凭证登记"应交税费"明细账;出纳登记"银行存款"日记账。

(4)主管根据审核后的记账凭证登记总账。

【业务5】12.10 发放工资。（原始凭证09、10）

广和市永新公司工资结算表

09

20××年12月10日

部门	标准工资	岗位工资	奖金	缺勤应扣		应发工资	代扣款项		实发工资
				事假	迟到早退		税款	其他	
方云	500	680	800			1 980			1980
朱华	400	450	600			1 450			1 450
略	……	……	……			……			……
合计	5 520.00	6 080.00	7 415.20	略	略	19 015.20	略	略	19 015.20

主管会计：朱华　　　　　复核：朱华　　　　　制单：高胜

工资支付专用凭证

10

签发日期　　年　　月　　日　　　　No.00224882

收款单位 名　称：			开户银行：							
金　额 人民币（大写）				十	万	千	百	十	元	角	分
转账原因				银行盖章						

广和市工商银行
新外支行
××.12.05
转讫
(1)

会计：　　　　复核：　　　　记账：　　　　制票：

【业务6】12.12 生产A产品领用甲材料400件，单价120元。（原始凭证11）
依据该业务填制领料单，其格式如11所示。

11

广和市永新公司领料单

产品号数及成本项目：A　　20××年 12 月 12 日　　　仓存地点：

编号	名称及规格	单位	数　量		实际价格		备　注	
			请领数	实领数	单价	金额		
	甲材料	件	400	400	120	48 000		
用途	生产A产品领用		领用部门			发料部门		
			负责人	领料人	核准人		发料人	
			黄伟	成民	季辉		张玲	

【业务5指导】

会计编制工资结算表时,根据考勤表、职工工资册、有关部门的扣款等各项目金额,确定每位职工的应付工资、代扣款项和实发金额。

工作程序

(1) 出纳审核工资结算表并依据其填制工资支付专用凭证,其格式如09、10所示。

(2) 成本会计审核原始凭证,并根据审核无误的原始凭证填制记账凭证。

(3) 主管审核记账凭证。

(4) 成本会计根据审核后的记账凭证登记"应付职工薪酬"明细账;出纳登记"银行存款"日记账。

(5) 主管根据审核后的记账凭证登记总账。

【业务6指导】

本公司按购入材料的单价计算领用材料的实际成本,平时会计人员根据各种领料单的单价和金额作结转领用材料成本的账务处理。

工作程序

(1) 成本会计审核原始凭证并依据其填制记账凭证。其格式如11所示。

(2) 主管审核记账凭证。

(3) 成本会计根据审核后的记账凭证登记"生产成本"、"原材料"明细账。

(4) 主管根据审核后的记账凭证登记总账。

【业务 7】12.22 向江东泰安立新公司(开户行及账号:工行长青办 022－245662133,纳税人识别号:×××000546892445,地址、电话:江东长青路 230 号 6383696)销售 A 产品 100 件,单价 900 元,款未收。(原始凭证 12、13)

广和市永新公司销货通知单

12

制单日期20××年 12月22日

收货单位	江东泰安立新公司		合同号		2001366		发货仓库			31	
承运单位	广和大件运输公司		车　号				票　号				
货号/客户货号	单 位	单价	销货数量		包装		体积	重量(公斤)			
牌号/品名描述			应发数	实发数	单位	件数		毛重	净重		
A	件	900	100	100							
合　计											

销货部门章:　　　　　部门负责人 :张玲　　　　　制单人:　李刚

第三联销售通知联

×××001032130　　**××省增值税专用发票**　　NO　09242535

13

记　账　联　开票日期:　年 月 日

购货单位	名　称		>-186++98-9*0++*111		
	纳税人识别号	密码区	77-//653>*/>2>/2365 加密版本:01		
	地址、电话		33*-75+>-＞-222-5467 ×××1032130		
	开户行及账号		-0210/348*>>1569-9>/　09242535		
货物或应税劳务名称	规格型号	单位	数量	单价	金　额	税率	税　额
价税合计(大写)			(小写)¥				
销货单位	名　称			备注	
	纳税人识别号				
	地址、电话				
	开户行及账号				

第三联 记账联 销货方记账凭证

收款:　　　　复核人:　　　　开票人:　　　　销货单位:(章)

【业务7指导】

企业向江东泰安立新公司销售商品,应列作主营业务收入;增值税按照收入的17%计算;未收到收款凭证,应列作应收账款。

工作程序

(1) 涉税会计依据销货通知单填制增值税专用发票记账联,其格式如12、13所示。

(2) 涉税会计审核原始凭证,并根据审核无误的原始凭证填制记账凭证。

(3) 主管审核记账凭证(转账凭证)。

(4) 涉税会计根据审核后的记账凭证登记"主营业务收入"、"应交税费"明细账;成本会计登记"应收账款"明细账。

(5) 主管根据审核后的记账凭证登记总账。

凭证会计分录示范

8.20××.12.22

向立新公司售 A 未收款　　借:应收账款——立新公司　　　101 700
100 件　　　　　　　　　　贷:主营业务收入——A　　　　 90 000
　　　　　　　　　　　　　　　应交税费——应交增值税(销项税额)
　　　　　　　　　　　　　　　　　　　　　　　　　 11 700

【业务 8】12.26 分配工资。（原始凭证 14）

广和市永新公司工资费用分配表

20××年 12月 26日

14

部门	人员分类	标准工资	岗位工资	奖金	缺勤应扣		应发工资	代扣款项		实发工资
					事假	迟到早退		税款	其他	
生产	生产人员	3 520	3 620	4 282.80			11 422.80			11 422.80
车间	管理人员	700	880	1 133.20			2 713.20			2 713.20
管理	管理人员	1 300	1 580	1 999.20			4 879.20			4 879.20
合计		5 520	6 080	7 415.20	略	略	19 015.20	略	略	19 015.20

主管会计：朱华　　　　　　复核：朱华　　　　　　制单：高胜

【业务 9】12.31 提取现金 200 元。（原始凭证 15）

15

```
             中国工商银行(X)
              现金支票存根
   支票号码    ⅦⅡ000118
   附加信息
   ------------------------------------
   出票日期        年      月      日

   收款人：

   金  额：

   用  途：

   单位主管           会计
```

【业务 10】12.31 开出转账支票,偿还利民公司货款 3 万元,账号略。（原始凭证 16）

16

```
             中国工商银行(X)
              转账支票存根
   支票号码    ⅦⅡ00011222
   附加信息 _____
   ------------------------------------
   出票日期        年      月      日

   收款人：

   金  额：

   用  途：

   单位主管           会计
```

【业务 8 指导】

工资费用分配表以工资结算表为依据,根据工资发生的部门进行编制,将职工工资费用分配记入相关成本费用账户中。

工作程序

(1) 成本会计根据工资结算表编制工资费用分配表并填制记账凭证,其格式如 14 所示。

(2) 主管审核记账凭证。

(3) 成本会计根据审核后的记账凭证登记"生产成本"、"制造费用"、"管理费用"、"应付职工薪酬"明细账。

(4) 主管根据审核后的记账凭证登记总账。

【业务 9 指导】

签发现金支票时,现金支票正面应加盖预留银行印鉴,现金支票背面要有背书,即签名、加盖预留银行印鉴、加注取款人的身份证号码。

工作程序

(1) 出纳填制现金支票,并根据审核无误的现金支票存根联填制记账凭证。其格式如 15 所示。

(2) 主管审核记账凭证。

(3) 出纳根据审核后的记账凭证登记"库存现金"日记账和"银行存款"日记账。

(4) 主管根据审核后的记账凭证登记总账。

【业务 10 指导】

转账支票"收款人"写明利民公司,"用途"写明偿还前欠货款,表明偿付前欠利民公司的货款。

工作程序

(1) 出纳填制转账支票,并根据审核无误的转账支票存根联填制记账凭证。其格式如 16 所示。

(2) 主管审核记账凭证。

(3) 成本会计根据审核后的记账凭证登记"应付账款"明细账;出纳登记"银行存款"日记账。

(4) 主管根据审核后的记账凭证登记总账。

【业务11】12.31收到泰安立新公司银行汇票5万元,账号略。(原始凭证17)

银行进账单 17

(收款通知)2(附联) 20ＸＸ-12-31

收款人	全 称		
	账 号		
	开户银行		

人民币合计	千	百	十	万	千	百	十	元	角	分

序号	付款人名称或账号	金额

广和市工商银行
新外支行
20ＸＸ.12.31
转讫

收款人开户银行盖章

附联为收款人开户银行交给收款人的收账通知

(正联)

【业务12】12.31计算提取折旧费。(原始凭证18)

广和市永新公司固定资产折旧计算表 18

部门: 年 月 日

固定资产	原 值	年折旧率	月折旧额	备 注
房 屋	55 579.00	4.75%		
合 计				

审核: 制表:

【业务 11 指导】

企业收到银行汇票(共二联)后,填写银行进账单,连同银行汇票一起,交给本企业开户银行,银行见票即办理转账手续,在进账单回单上加盖"受理"章,交给本企业。等收到对方开户银行转来的款项时,即办理付款手续,在进账单收账通知上加盖"转讫"章,交给本企业。进账单收账通知表明泰安立新公司支付的货款已划入本企业的"银行存款"账户中。

工作程序

(1)出纳审核银行汇票并依据其填写银行进账单,其格式如 17 所示。

(2)出纳根据审核无误的原始凭证填制记账凭证。

(3)主管审核记账凭证。

(4)成本会计根据审核后的记账凭证登记"应收账款"明细账;出纳登记"银行存款"日记账。

(5)主管根据审核后的记账凭证登记总账。

【业务 12 指导】

根据公司内部会计制度规定,固定资产折旧采用直线法计提。

每月应计提的固定资产折旧额＝月初应提折旧的固定资产原值×月折旧率

工作程序

(1)成本会计依据该业务填制折旧计算表,其格式如 18 所示。

(2)成本会计审核原始凭证,并根据审核无误的原始凭证填制记账凭证。

(3)主管审核记账凭证。

(4)成本会计根据审核后的记账凭证登记"管理费用"、"累计折旧"明细账。

(5)主管根据审核后的记账凭证登记总账。

✈ 实训活动二　填审银行票证

一、银行票证填写

1. 业务发生日期:当年 5 月 26 日

购货单位名称:文明市发展有限公司	销货单位名称:江山市跃进有限公司
纳税人识别号:550704181313988	纳税人识别号:320103131313133
地　　　　址:创新路 136 号	地　　　　址:胜利路 136 号
电　　　　话:＊8363333	电　　　　话:＊7363366
开 户 银 行:文明市创新支行	开 户 银 行:江山市胜利支行
账　　　　号:3693693693691234569	账　　　　号:113－331－66

产品名称:甲;规格:QQ133;含税单价:5 500 元/套(不考虑增值税);数量:3 套。

购货单位和销货单位均为一般纳税人。

2. 业务发生时购货单位采用电汇形式付款，请根据上述资料帮助购货单位填写电汇凭证。

中国工商银行电汇凭证（回 单） 1

委托日期　　年　月　日　　宁工字（04）No.07735436

汇款人	全 称		收款人	全 称			
	账 号或住址			账 号或住址			
	汇 出地 点	省 市县　汇出行名 称		汇 入地 点	省 市县　汇入行名 称		
金额	人民币：（大写）					千百十万千百十元角分	
汇款用途：			汇出行盖章　　　　　　　　年　月　日				

第一联　汇出行给汇款人的回单

3. 购货单位当年 10 月 12 日提取备用金 2 768 元，请填写现金支票。

工商银行现金支票存根	工商银行 现金支票 (X)Ⅱ0001234
支票号码Ⅱ0001234 附加信息	出票日期（大写）　年　月　日 付款行名称：
	收款人：　　　　　　出票人账号：
出票日期　年　月　日 收款人：＿＿＿＿＿ 金　额：＿＿＿＿＿ 用　途：＿＿＿＿＿ 单位主管　　会计	人民币（大写）　　千百十万千百十元角分
	用途＿＿＿＿＿＿　科目（借）
	上列款项请从　　　对方科目（贷）
	我账户内支付　　　付讫日期　年　月　日
	出票人签章　　　　出纳　　　复核
	贴对号单处　　X00000

本支票付款期限十天

4. 购货单位当年 9 月 6 日开出转账支票 45 269 元给销货单位，购买乙产品，请填写转账支票。

工商银行转账支票存根	工商银行 转账支票 (X)ⅩⅥ00001234
支票号码(X)ⅩⅥ00001234 附加信息	出票日期（大写）　年　月　日 付款行名称：
	收款人：　　　　　　出票人账号：
出票日期　年　月　日 收款人：＿＿＿＿＿ 金　额：＿＿＿＿＿ 用　途：＿＿＿＿＿ 单位主管　　会计	人民币（大写）　　千百十万千百十元角分
	用途＿＿＿＿＿＿　科目（借）
	上列款项请从　　　对方科目（贷）
	我账户内支付　　　转账日期　年　月　日
	出票人签章　　　　出纳　　　复核
	（使用清分机的，此区域供打印磁性字码）

本支票付款期限十天

二、请写出下列业务涉及银行存款收付的票证名称

1. 提取现金：

2. 支付水电费：

3. 以电汇方式购货：

4. 收到电汇的货款：

5. 开出转账支票购货：

6. 银行承兑汇票到期收款：

✈ 实训活动三　银行其他结算与现金管理

一、银行其他结算凭证填写

1. 依据实训活动二资料，4 月 29 日，江山市跃进有限公司收到文明市发展有限公司以转账支票(号码 No.012345)方式支付的购货款 69 374 元，填写银行进账单。

银行进账单
年　　月　　日

收款人	全　称	
	账　号	
	开户银行	
人民币合计	千百十万千百十元角分	
序号	付款人名称或账号	金额

银行进账单(送票回执)1
年　　月　　日

收款人	全称		票据种类	
	账号		票据张数	
	开户银行		附件张数	
合计金额	人民币(大写)		千百十万千百十元角分	
序号	付款人名称或账号	凭证号码	金额 千百十万千百十元角分	

(银行盖章)

2. 依据实训活动二资料，4 月 30 日，江山市跃进有限公司将现金货款 15 280 元交银行。填写现金解款单。

中国工商银行现金解款单(回单)①

年　　月　　日

交款单位		开户银行	
款项来源		账　号	

人民币 (大写)				十	万	千	百	十	元	角	分

票面	张数	万	千	百	十	元	票面	张数	百	十	元	角	分	收款员： 复点员： (收款单位盖章)
壹百元							壹元							
伍拾元							伍角							
贰拾元							壹角							
拾元							分票							
伍元							其他							

二、请写出下列业务银行存款和现金收付的会计做账结算凭证名称

1. 借差旅费：

2. 销货收到银行汇票：

3. 将现金交银行：

4. 销货收到转账支票：

✖ 实训活动四　填审记账凭证

一、外购通用记账凭证

二、外购专用记账凭证

三、外购记账凭证封面、封底和包角

四、填制记账凭证说明

　　填制记账凭证使用的会计科目须按照经济业务内容并参考前期经济业务情况确定,即"任务五设置总账、日记账和明细账"中的表5-1至表5-3的期初余额资料。

　　在实际工作中,任务五设置账簿是在本活动之前完成的。因为除了新设企业外,有些经济业务前后是相互关联的,所以在根据本月经济业务填制记账凭证时,均要考虑有关账户的期初余额。

✈ 实训活动五　设置账簿

一、外购账页

二、设置账簿及说明

　　广和市永新公司应开设的总账、日记账和明细账资料如下。其中账页一栏的符号"J"代表借贷余三栏式账页;"S"代表数量金额式账页;"D"代表多栏式账页。余额方向:资产类账户为借方余额("累计折旧"为贷方余额)、其余账户为贷方余额。

总分类账

序号	总分类账户	账页	年初余额	11月末余额	序号	总分类账户	账页	年初余额	11月末余额
1	库存现金	J	600	874	13	税金及附加	J		
2	银行存款		143 821	215 179	14	管理费用			
3	其他应收款			500	15	所得税费用			
4	应收账款			30 120	16	应付账款		90 000	90 000
5	在途物资				17	应付职工薪酬			3 800
6	原材料			5 400	18	应交税费			5 994
7	库存商品			60 362	19	实收资本		110 000	206 180.68
8	固定资产		55 579	55 579	20	盈余公积			5 961.93
9	累计折旧			2 420	21	本年利润			
10	生产成本				22	利润分配			53 657.39
11	制造费用				23	主营业务收入			
12	主营业务成本								

日记账

序号	总分类账户	明细分类账户	账页	年初余额	11月末余额
1	库存现金		J	600	874
2	银行存款	工商银行	J	143 821	215 179

明细分类账

序号	总分类账户	明细分类账户		账页	年初余额	11月末余额
1	其他应收款	李林		J		500
2	应收账款	泰安立新公司		J		30 120
3	在途物资	甲材料		S		
4	原材料	甲材料		S		5 400（45件）
5	库存商品	A产品		S		60 362（90件）
6	固定资产	房屋		J	55 579	55 579
7	累计折旧			J		2 420
8	生产成本	A产品	原材料	D		
			工资及附加			
			制造费用			
9	制造费用	工资及附加		D		
10	主营业务成本	A产品		J		
11	税金及附加			J		
12	管理费用		差旅费	D		
			工资及附加			
			折旧费			
13	所得税费用			J		
14	应付账款	利民公司		J	90 000	90 000
15	应付职工薪酬			J		3 800
16	应交税费	应交所得税		J		
17		应交城建税		J		378
18		应交教育费附加		J		216
19		应交增值税	进项税额	D		5 400
			已交税金			
			销项税额			
20	实收资本	王守则		J	110 000	206 180.68
21	盈余公积	法定盈余公积		J		5 961.93
22	本年利润			J		
23	利润分配	未分配利润		J		53 657.39
24		提取法定盈余公积		J		
25	主营业务收入	A产品		J		

✖ 实训活动六　登记日记账和明细账

根据实训活动四填制的通用记账凭证在实训活动五设置的日记账和明细账上登记。

✈ 实训活动七　期末业务填审记账凭证

广和市永新有限责任公司期末业务如下：

【业务13】12.31结转制造费用。

【业务13指导】

企业生产部门(车间)发生的间接费用，需要在"制造费用"账户中进行归集。月末，再根据适当的分配标准，在各产品之间进行再分配。"制造费用"明细账本月合计金额就是应分配结转的费用，由于本企业只生产一种产品，因此，无需分配，直接将费用合计金额转入"生产成本"明细账。

工作程序

(1) 成本会计依据"制造费用"明细账户合计栏的"本月合计"金额填制记账凭证。

(2) 主管审核记账凭证。

(3) 成本会计根据审核后的记账凭证登记"生产成本"、"制造费用"明细账。

(4) 主管根据审核后的记账凭证登记总账。

【业务14】12.31产品全部完工，结转完工产品成本。（原始凭证19、20）

广和市永新公司库存商品入库单　　　　19

20××年　12月　31日　　No. 0089656

部门	品名	单位	单位成本	投产数量	入库数量	备注
生产	A产品	件		98	98	
合　计				98	98	

生产科:沈飞燕　　检验:黄知　　仓库:张玲　　经办:厉红

广和市永新公司完工产品成本计算表　　　　20

产品名称:　　　　　　　　　年　月　日　　　　　　　单元:元

项目	数量	直接材料	直接人工	制造费用	总成本
月初在产品成本					
本月发生额					
合计					
本月完工产品成本					
月末在产品成本					

审核:　　　　　　　　　　制单:

【业务 14 指导】

　　企业产品成本计算方法采用按产品品种分别计算的方法,成本计算表的成本项目分为直接材料、直接人工和制造费用,三项的合计数为总成本。表中数量栏根据"库存商品入库单"填写,月初在产品成本根据"生产成本"明细账户"期初余额"填写,本月发生额根据"生产成本"明细账户"本月合计"填写,合计根据上两行合计填写,本月完工产品成本和月末在产品成本根据业务填写。本公司产品全部完工,则本月完工产品成本与合计行数字完全相同,只是全部为负数,表示将完工产品成本从"生产成本"账户转出记入"库存商品"账户。月末在产品成本为 0。

工作程序

(1)成本会计依据"生产成本"明细账户计算填写"完工产品成本计算表"。

(2)成本会计根据审核无误的原始凭证填制记账凭证。

(3)主管审核记账凭证。

(4)成本会计根据审核后的记账凭证登记"生产成本"、"库存商品"明细账。

(5)主管根据审核后的记账凭证登记总账。

【业务 15】12.31 结转销售产品成本。（原始凭证 21）

广和市永新公司产品销售成本计算表

21

年　　月　　日

单位:元

品名	上月库存		本月入库		合　计			本月减少		月末库存	
	数量	金额	数量	金额	数量	金额	平均价	销售		数量	金额
								数量	金额		
合　计											

会计主管:　　　　　　　　　　　制表:

【业务 16】12.31 按 7%的法定税率计算城建税,按 3%的法定征收率和 1%的地方征收率计算教育费附加。（原始凭证 22、23）

应交增值税计算表

22

税款所属时间　　　　年　　月　　日至　　年　　月　　日　　　　　单位:元

项　目				销售额		税　额	
				本月数	本年累计	本月数	本年累计
销 项	按适用税率征收货物及劳务		1=2=3				
	应税货物	货物名称	税率(%)	2			
	应税劳务		3				
	按简易征收办法征收货物		4				
	免税货物		5				
	出口货物免税销售额		6				
进 项	项　目			本月数		本年累计	
	本期进项税额发生额		7				
	进项税额转出		8				
	期初存货征税款期末余额		9				
	应纳税额		10				

应交城建税、教育费附加计算表

23

税款所属日期　　　　年　　月　　日至　　年　　月　　日　　　　单位:元

纳税项目	计税依据金额	适用税率	应纳税费	备注
应纳税费合计				

财务主管:　　　　　　　　　审核:　　　　　　　　　　　制表:

【业务 15 指导】

公式

根据"库存商品"明细账户期初和本月入库的记录计算库存商品加权平均单位成本,公式如下:

库存商品加权平均单位成本=(上月库存商品成本+本月入库库存商品成本)÷(上月库存商品数量+本月入库库存商品数量)。

根据"主营业务收入"明细账户记录得到本月销售商品的数量,计算出本月销售商品成本,公式如下:

本月销售商品成本=本月销售商品数量×库存商品加权平均单位成本

计算的结果应是:"主营业务收入"明细账户记录的本月销售商品的数量与"库存商品"明细账户的发出栏数量相符;"销售成本计算表"中月末库存的数量和金额与"库存商品"明细账户的结存栏的数量和金额相符。

工作程序

(1)成本会计依据"库存商品"(金额和数量)和"主营业务收入"(数量)明细账户计算编制销售成本计算表。

(2)成本会计根据审核无误的原始凭证填制记账凭证。

(3)主管审核记账凭证。

(4)成本会计根据审核后的记账凭证登记"主营业务成本"、"库存商品"明细账。

(5)主管根据审核后的记账凭证登记总账。

【业务 16 指导】

期末,企业应按税法规定计算本月应缴的有关税费。"应交增值税计算表"依据"主营业务收入"明细账户期末结转前的余额和"应交税费–应交增值税"明细账户本月合计金额填列。"应交税费–应交增值税"明细账户的余额应与"应交增值税计算表"的应纳税额一致。因为应交城建税、教育费附加的计税依据是企业本月应缴纳的增值税,所以"应交增值税计算表"的应纳税额就是"应交城建税、教育费附加计算表"的计税依据金额,确定了计税依据,按照有关税法规定即可计算出应交城建税和教育费附加数据。

工作程序

(1)涉税会计编制"应交增值税计算表"、"应交城建税、教育费附加计算表"。

(2)涉税会计根据审核无误的原始凭证填制记账凭证。

(3)主管审核记账凭证。

(4)涉税会计根据审核后的记账凭证登记"税金及附加"、"应交税费"明细账。

(5)主管根据审核后的记账凭证登记总账。

【业务17】12.31结转损益收入类账户。（原始凭证24）

损益类账户结转计算表

24

年 月 日

账户	结转前借方余额	结转前贷方余额
合　计		

会计主管：　　　　　　　　　　　　制表：

【业务18】12.31结转损益费用类账户

【业务19】12.31计算提取所得税（原始凭证25）。假设根据税法规定该企业适用税率为25%。

企业所得税预缴纳税申报表

25

税款所属日期：　　　年　月　日至　　年　月　日

纳税人识别号：□□□□□□□□□□□□□□□　　　金额单位：元（列至角分）

纳税人名称		
项目	行次	本期累计数
利润总额	1	
加：纳税调整增加额	2	
减：纳税调整减少额	3	
减：弥补以前年度亏损	4	
应纳税所得额（5=1+2-3-4）	5	
适用税率	6	
应纳所得税额（7=5×6）	7	
减：减免所得税额	8	
减：抵免所得税额	9	
减：本年累计实际已预缴的所得税额	10	
应补（退）的所得税额〔11=7-8-9-10〕	11	

纳税单位公章：	代理申报中介机构公章：	主管税务机关受理专用章：
经办人：	经办人执业证件号码：	受理人：刘平
申报日期：　年　月　日	代理申报日期：　年　月　日	受理申报日期：××年1月5日

【业务20】12.31结转所得税费用。

【业务21】12.31结转本年净利润。

【业务22】12.31按国家规定比例10%计算提取法定盈余公积(原始凭证26)。

提取盈余公积计算表

26

年 月 日 单位:元

计 提 依 据		提取率(%)	应提金额	备 注
项 目	金 额			

复核: 制表:

【业务23】12.31结转利润分配明细账户。

【业务17指导】

根据核算要求,本企业采用账结法核算利润。结转时应区别收益类和成本费用类进行结转。在期末结转"管理费用"之前,应在多栏式明细账摘要栏写"本月合计",计算出"管理费用"本期发生额合计,确定结转额。填写凭证附件张数时,"本月损益类账户余额汇总表"只能作为其中一张记账凭证的附件,在另一张未附附件的记账凭证摘要栏注明"附件见本月第几号凭证"。

工作程序

(1)涉税会计分别依据损益收入类明细账户和损益费用类明细账户期末结转前的余额编制本月损益类账户余额汇总表。

(2)涉税会计根据审核无误的原始凭证填制记账凭证。

(3)主管审核记账凭证。

(4)涉税会计根据审核后的记账凭证登记"本年利润"、"主营业务收入"明细账。

(5)主管根据审核后的记账凭证登记总账。

【业务18指导】

同上

工作程序

(1)涉税会计分别依据损益收入类明细账户和损益费用类明细账户期末结转前的余额编制本月损益类账户余额汇总表。

(2)涉税会计根据审核无误的原始凭证填制记账凭证。

(3)主管审核记账凭证。

(4)涉税会计根据审核后的记账凭证登记"本年利润"、"主营业务成本"、"税金及附加"、"管理费用"明细账。

(5)主管根据审核后的记账凭证登记总账。

【业务19指导】

"企业所得税预缴纳税申报表"根据"本年利润"明细账账户和我国所得税税法的规定计算填列。表中利润总额="本年利润"明细账账户余额,假设本企业无纳税调整项目,应纳税所得额=利润总额,如果利润总额为正数,则应按规定计算缴纳所得税,如为负数,不需计算缴纳所得税。适用税率=25%,应纳税所得额=应纳税所得额×25%,本企业无减免和预缴税额,所以应补的所得税额=应纳税所得额。

工作程序

（1）涉税会计编制"企业所得税预缴纳税申报表"。

（2）涉税会计根据审核无误的原始凭证填制记账凭证。

（3）主管审核记账凭证。

（4）涉税会计根据审核后的记账凭证登记"应交税费"明细账，成本会计登记"所得税费用"明细账。

（5）主管根据审核后的记账凭证登记总账。

【业务20指导】

"所得税费用"属于损益费用类，期末本账户无余额，应转入"本年利润"账户。

工作程序

（1）成本会计依据"所得税费用"明细账户的发生额填制记账凭证。

（2）主管审核记账凭证。

（3）成本会计根据审核后的记账凭证登记"所得税费用"明细账；涉税会计登记"本年利润"明细账。

（4）主管根据审核后的记账凭证登记总账。

【业务21指导】

12月末，应按会计法律、准则等规定结转和分配利润或亏损。即将"本年利润"账户余额转入"利润分配"账户，如果"本年利润"账户贷方有余额，则为净利润，结转时应从"本年利润"账户借方转入"利润分配"账户贷方；反之，则为亏损，结转时应从"本年利润"账户贷方转入"利润分配"账户借方，留待以后年度盈利时按有关规定弥补。

工作程序

（1）涉税会计依据"本年利润"明细账户的余额填制记账凭证。

（2）主管审核记账凭证。

（3）涉税会计根据审核后的记账凭证登记"本年利润"、"利润分配"明细账。

（4）主管根据审核后的记账凭证登记总账。

【业务22指导】

如果期末"本年利润"账户为贷方余额，则为净利润，应按会计法律、准则等有关规定提取法定盈余公积，按照单位股东大会决议计算分配现金股利或利润。

工作程序

（1）涉税会计依据"本年利润"明细账户的余额（税后利润或称净利润）填制记账凭证。

（2）主管审核记账凭证。

（3）涉税会计根据审核后的记账凭证登记"利润分配"、"盈余公积"明细账。

（4）主管根据审核后的记账凭证登记总账。

【业务23指导】

按照我国会计法律、准则的有关规定，年终结转"利润分配"明细账户之后，只有"利润分配—未分配利润"明细账户可以有余额，其余明细账户均无余额。因此应将"利润分配—提取盈余公积"账户的借方余额从贷方转入"利润分配—未分配利润"账户的借方，由于此笔业务只涉及"利润分配"内部明细账户之间的结转，因此不登记总账，也不需要科目汇总。

工作程序

（1）涉税会计依据"利润分配—提取盈余公积"明细账户的借方余额填制记账凭证。

（2）主管审核记账凭证。

（3）涉税会计根据审核后的记账凭证登记"利润分配"明细账。

✈ 实训活动八　记账凭证账务处理程序

主管根据审核后的记账凭证在此前单项实训任务五设置的总账中进行登记。

✈ 实训活动九　科目汇总表账务处理程序

一、准备工作

外购科目汇总表两张,并准备一张白纸编制科目汇总表准备工作底稿。

二、说明

为节省账页,仍在实训操作八登记的总账账页下半部分根据科目汇总表继续登记,并在相应摘要位置注明科目汇总表账务处理程序。

✈ 实训活动十 结账和对账

一、结账和对账

根据此前实训登记的总账、日记账和明细账进行结账和对账。

二、编制试算平衡表

总账账户发生额及余额

试算平衡表   年   月

会计科目	12月初余额		本期发生额		期末余额	
	借方	贷方	借方	贷方	借方	贷方
合 计						

✈ 实训活动十一 错账的查找与更正

假设广和市永新有限责任公司20××年12月发生的经济业务中记错以下几笔。

1. 第1笔经济业务。李林报销差旅费。记账凭证正确，但登记日记账时误将金额登记为580元。

2. 第2笔经济业务。以银行存款购入甲材料500件。记账凭证和账簿记录均发生记账金额错误。

记 账 凭 证
20××年 12月2日　　　　　　　　　　　总 号 _____2_____

分 号 _____

摘要	总账科目	明细科目	借方金额										贷方金额										记账符号
			千	百	十	万	千	百	十	元	角	分	千	百	十	万	千	百	十	元	角	分	
购甲材料500件付款	在途物资	甲材料					6	0	0	0	0	0											
	应交税费	应交增值税(进)						7	8	0	0	0											
信汇7474#	银行存款																6	7	8	0	0	0	
附件 2 张		合 计				¥	6	7	8	0	0	0				¥	6	7	8	0	0	0	

会计主管：　　　　记账：　　　　稽核：学生姓名2　　　　制单：学生姓名1

3. 第3笔经济业务。甲材料入库。记账凭证和账簿记录均发生记账金额错误。

记 账 凭 证
20××年 12月5日　　　　　　　　　　　总 号 _____3_____

分 号 _____

摘要	总账科目	明细科目	借方金额										贷方金额										记账符号
			千	百	十	万	千	百	十	元	角	分	千	百	十	万	千	百	十	元	角	分	
甲材料入库500件	原材料	甲材料					6	0	0	0	0	0											
	在途物资	甲材料															6	0	0	0	0	0	
附件 1 张		合 计				¥	6	0	0	0	0	0				¥	6	0	0	0	0	0	

会计主管：　　　　记账：　　　　稽核：学生姓名2　　　　制单：学生姓名1

4. 第6笔经济业务。以银行存款发工资。记账凭证和账簿记录均发生记账金额错误。

记 账 凭 证
20××年 12月10日　　　　　　　　　　　总 号 _____6_____

分 号 _____

摘要	总账科目	明细科目	借方金额										贷方金额										记账符号
			千	百	十	万	千	百	十	元	角	分	千	百	十	万	千	百	十	元	角	分	
以银行存款发工资	应付职工薪酬					1	9	0	1	5	2	0	0										
专4882#	银行存款															1	9	0	1	5	2	0	0	
附件 2 张		合 计				¥	1	9	0	1	5	2	0	0			1	9	0	1	5	2	0	0	

会计主管：　　　　记账：　　　　稽核：学生姓名2　　　　制单：学生姓名1

5. 第10笔经济业务。提取现金。记账凭证和账簿记录均发生会计科目错误。

记 账 凭 证
20××年 12月31日　　　　　　　　　　　总 号 _____10_____

分 号 _____

摘要	总账科目	明细科目	借方金额										贷方金额										记账符号
			千	百	十	万	千	百	十	元	角	分	千	百	十	万	千	百	十	元	角	分	
提取现金	银行存款							2	0	0	0	0											
现支0118#	库存现金																	2	0	0	0	0	
附件 1 张		合 计					¥	2	0	0	0	0				¥		2	0	0	0	0	

会计主管：　　　　记账：　　　　稽核：学生姓名2　　　　制单：学生姓名1

✈ 实训活动十二　银行对账

一、银行存款日记账

二、银行存款对账单

中国工商银行存款对账单

网点号：0180　　　　　　　20××年12月31日　　　　　　币种：人民币　　单位：元

账号：123—123　　　　　　户名：广和市永新有限责任公司　　　　　上页余额：215 179.00

日期	凭证种类	凭证号	摘要	借方发生额	贷方发生额	余　额	网点号	柜员号
12.2	004	7474	货款	67 800.00		147 379.00	0180	2956
12.5	国税	0118	增值税	5 400.00		141 979.00	0180	2956
12.5	地税	9859	城、教	594.00		141 385.00	0180	5533
12.10	专用	4882	工资	19 015.20		122 369.80	0180	2968
12.30	000	1234	货款		15 600.00	137 969.80	0180	5533
12.31	005	0489	货款	387.00		137 582.80	0180	2562
						本页余额：137 582.80		

三、编制银行存款余额调节表

银行存款余额调节表

开户银行：　　　　　　　　　账号：　　　　　　　　　　年　月　日止

项目	入账日期凭证号	金额	项目	入账日期凭证号	金额
银行存款日记账余额 加：银行已收企业未收			银行对账单余额 加：企业已收银行未收		
减：银行已付企业未付			减：企业已付银行未付		
调节后余额			调节后余额		

财会主管：　　　　　　复核：　　　　　　　　制表：

✈ 实训活动十三 编制资产负债表

一、编表依据

上年年末资产负债表和此前实训完成的总账和明细账账户余额

企业上年资产负债表如下：

资产负债表

编制单位：广和市永新有限责任公司　　　　20×× 年 12 月 31 日　　　　　　　　单位:元

资产	期末余额	年初余额	负债和所有者权益（或股东权益）	期末余额	年初余额
流动资产：			流动负债：		
货币资金	144 421	略	短期借款	—	略
应收账款	—	略	应付账款	90 000	略
应收利息	—	略	应付职工薪酬	—	略
应收股利	—	略	应交税费	—	略
其他应收款	—	略	应付股利	—	略
存货	—	略	其他流动负债	—	略
流动资产合计	144 421	略	流动负债合计	90 000	略
非流动资产：			非流动负债：		
固定资产	55 579	略	长期借款	—	略
固定资产清理	—	略	非流动负债合计	—	略
生产性生物资产	—	略	负债合计	90 000	略
油气资产	—	略	所有者权益(或股东权益)：		略
无形资产	—	略	实收资本(或股本)	110 000	略
长期待摊费用	—	略	资本公积	—	略
递延所得税资产	—	略	盈余公积	—	略
其他非流动资产	—	略	未分配利润	—	略
非流动资产合计	55 579	略	所有者权益(或股东权益)合计	110 000	略
资产总计	200 000	略	负债和所有者权益（或股东权益)总计	200 000	略

则:本年资产负债表"年初余额"即来自于上表资产负债表的"期末余额"。

二、资产负债表(简表)

资产负债表

简表

编制单位：　　　　　　　　　年　　月　　日　　　　　　　　　　单位:元

资　　产	期末余额	年初余额	负债和所有者权益 (或股东权益)	期末余额	年初余额
流动资产：			流动负债：		
货币资金			短期借款		
应收账款			应付账款		
预付款项			预收款项		
应收利息			应付职工薪酬		
应收股利			应交税费		
其他应收款			应付股利		
存货			其他流动负债		
流动资产合计			流动负债合计		
非流动资产：			非流动负债：		
固定资产			长期借款		
固定资产清理			非流动负债合计		
生产性生物资产			负债合计		
油气资产			所有者权益(或股东权益)：		
无形资产			实收资本(或股本)		
长期待摊费用			资本公积		
递延所得税资产			盈余公积		
其他非流动资产			未分配利润		
非流动资产合计			所有者权益(或股东权益)合计		
资产总计			负债和所有者权益 (或股东权益)总计		

✈ 实训活动十四　编制利润表

一、编表依据

依据此前实训完成的总账和明细账账户发生额。

二、利润表（简表）

利　　润　　表

简表 会企 02 表

编制单位：_____年_____月 单位:元

项　　目	本期金额	本年累计金额
一、营业收入		（本栏略）
减:营业成本		
税金及附加		
销售费用		
管理费用		
财务费用		
加:投资收益(损失以"－"号填列)		
二、营业利润(亏损以"－"号填列)		
加:营业外收入		
减:营业外支出		
三、利润总额(亏损总额以"－"号填列)		
减:所得税费用		
四、净利润(净亏损以"－"号填列)		

✈ 实训活动十五　编制现金流量表

一、编表依据

此前实训完成的资产负债表、利润表及影响现金流量的记账凭证。

二、现金流量表(简表)

现金流量表

简表

编制单位：　　　　　　　　　　年　　　　月　　　　　　　　　　　单位:元

项　　目	本期金额	上期金额
一、经营活动产生的现金流量：		(本栏略)
销售商品、提供劳务收到的现金：		
收到的其他与经营活动有关的现金：		
经营活动现金流入小计		
购买商品、接受劳务支付的现金		
支付给职工以及为职工支付的现金		
支付的各项税费		
支付的其他与经营活动有关的现金		
经营活动现金流出小计		
经营活动产生的现金流量净额		
二、投资活动产生的现金流量：		
收回投资所收到的现金		
取得投资收益所收到的现金		
处置固定资产、无形资产和其他长期资产所收回的现金净额		
投资活动现金流入小计		
购建固定资产、无形资产和其他长期资产所支付的现金		
投资所支付的现金		
投资活动现金流出小计		
投资活动产生的现金流量净额		
三、筹资活动产生的现金流量：		
吸收投资所收到的现金		
取得借款所收到的现金		
投资活动现金流入小计		
偿还债务所支付的现金		
分配股利、利润和偿付利息所支付的现金		
投资活动现金流出小计		
筹资活动产生的现金流量净额		
四、汇率变动对现金的影响		
五、现金及现金等价物净增加额		
加:期初现金及现金等价物余额		
六、期末现金及现金等价物余额		

✈ 实训活动十六　会计资料的管理

1. 外购记账凭证封面、封底和包角。
2. 外购会计账簿封面和封底。
3. 外购会计报表封面和封底。

基础会计实训报告手册

班　　级：_____

姓　　名：_____

学　　号：_____

实训小组：_____

指导教师：_____

学年第　　　学期

实训工作日志 1

姓名：   专业：   班级：   实训日期：

实训岗位	
工作内容 和程序	
工作小结	
工作问题	1. 做完本次实训，你的问题是什么？ 2. 你认为本部分最困难的地方是什么？是否解决？
备　　注	

实训工作日志 2

姓名：　　　　专业：　　　　班级：　　　　实训日期：

实训岗位	
工作内容 和程序	
工作小结	
工作问题	1. 做完本次实训,你的问题是什么? 2. 你认为本部分最困难的地方是什么? 是否解决?
备　　注	

实训工作日志 3

姓名：　　　　　专业：　　　　　班级：　　　　　实训日期：

实训岗位	
工作内容 和程序	
工作小结	
工作问题	1. 做完本次实训，你的问题是什么？ 2. 你认为本部分最困难的地方是什么？是否解决？
备　　注	

实训工作日志 4

姓名： 专业： 班级： 实训日期：

实训岗位	
工作内容和程序	
工作小结	
工作问题	1. 做完本次实训，你的问题是什么？ 2. 你认为本部分最困难的地方是什么？是否解决？
备　　注	

实训工作日志 5

姓名：　　　　　专业：　　　　　班级：　　　　　实训日期：

实训岗位	
工作内容和程序	
工作小结	
工作问题	1. 做完本次实训,你的问题是什么? 2. 你认为本部分最困难的地方是什么? 是否解决?
备　　注	

实训工作日志 6

姓名：   专业：   班级：   实训日期：

实训岗位	
工作内容 和程序	
工作小结	
工作问题	1. 做完本次实训，你的问题是什么？ 2. 你认为本部分最困难的地方是什么？是否解决？
备　注	

实训工作日志7

姓名：　　　　　专业：　　　　　班级：　　　　　实训日期：

实训岗位	
工作内容 和程序	
工作小结	
工作问题	1. 做完本次实训，你的问题是什么？ 2. 你认为本部分最困难的地方是什么？是否解决？
备　　注	

实训工作日志 8

姓名：   专业：   班级：   实训日期：

实训岗位	
工作内容 和程序	
工作小结	
工作问题	1. 做完本次实训,你的问题是什么？ 2. 你认为本部分最困难的地方是什么？是否解决？
备　　注	

实训工作日志 9

姓名：　　　　　　专业：　　　　　班级：　　　　　　实训日期：

实训岗位	
工作内容 和程序	
工作小结	
工作问题	1. 做完本次实训，你的问题是什么？ 2. 你认为本部分最困难的地方是什么？是否解决？
备　　注	

实训工作日志 10

姓名：　　　　　专业：　　　　　　班级：　　　　　　实训日期：

实训岗位	
工作内容 和程序	
工作小结	
工作问题	1. 做完本次实训，你的问题是什么？ 2. 你认为本部分最困难的地方是什么？是否解决？
备　　注	

实训工作日志 11

姓名：　　　　　　专业：　　　　　　班级：　　　　　　实训日期：

实训岗位	
工作内容 和程序	
工作小结	
工作问题	1. 做完本次实训，你的问题是什么？ 2. 你认为本部分最困难的地方是什么？是否解决？
备　　注	

实训工作日志 12

姓名：　　　　专业：　　　　班级：　　　　实训日期：

实训岗位	
工作内容和程序	
工作小结	
工作问题	1. 做完本次实训，你的问题是什么？ 2. 你认为本部分最困难的地方是什么？是否解决？
备　　注	

实训工作日志 13

姓名：　　　　　专业：　　　　　班级：　　　　　实训日期：

实训岗位	
工作内容和程序	
工作小结	
工作问题	1. 做完本次实训，你的问题是什么？ 2. 你认为本部分最困难的地方是什么？是否解决？
备　注	

实训工作日志 14

姓名：   专业：   班级：   实训日期：

实训岗位	
工作内容 和程序	
工作小结	
工作问题	1. 做完本次实训，你的问题是什么？ 2. 你认为本部分最困难的地方是什么？是否解决？
备　注	

实训工作日志 15

姓名：　　　　　专业：　　　　　班级：　　　　　实训日期：

实训岗位	
工作内容 和程序	
工作小结	
工作问题	1. 做完本次实训，你的问题是什么？ 2. 你认为本部分最困难的地方是什么？是否解决？
备　　注	

实训工作日志 16

姓名：   专业：   班级：   实训日期：

实训岗位	
工作内容 和程序	
工作小结	
工作问题	1. 做完本次实训，你的问题是什么？ 2. 你认为本部分最困难的地方是什么？是否解决？
备　　注	

单项实训报告

姓　名		专业、班级	
实训项目名称		实训日期	
实训目的			
实训资料			
实训程序			
实训总结			
个人评议	成绩： 年　　月　　日		
小组评议	成绩：　　　　　　小组成员： 年　　月　　日		
教师评价	成绩评定：　　　　　指导教师： 年　　月　　日		

Part Three

项目三
综合实训

任 务 一
实 训 要 点

一、实训目的

通过实训使学生系统地掌握企业会计核算方法,即从建账、填制和审核原始凭证、记账凭证到登记账簿;从日常会计核算、成本计算到编制会计报告、年终结账。综合提高学生的会计工作能力和独立思考能力。

二、实训要求

1. 本实训在课堂内完成,拟安排 20 课时。如课时有限,可以只做标有"＊"号的业务。
2. 学生自备黑色(或蓝黑)和红色钢笔各一支,尺子一把,胶棒一只,裁纸刀一把,回形针一盒,计算器(或算盘)一个,铁夹子两个。
3. 记账凭证、账簿、报表须按规定填制,保证质量。独立、按时、认真完成。
4. 参加实训的学生,在实训结束后须交一份完整的实训资料。具体包括:记账凭证一册;总账、日记账、明细账共四册(均须在各账簿的第一页注明账簿名称);报表三张;银行存款余额调节表一张;实训报告一份。实训可按个人或按会计岗位分组形式完成。

三、实训用品

项目	用品名称		用量(张、副/每人)	备注
工具	黑色(或蓝黑)和红色钢笔、尺子、胶水、裁纸刀、计算器(或算盘)、回形针及铁夹。		各 1 及若干,回形针 1 盒	1. 实训所需证、账等资料按本表自备。
凭证	通用记账凭证		50[＊30]	2. 实训所需报表、银行存款余额调节表、试算平衡表和实训报告等材料已附在本实训资料中。
	专用收款凭证		4[＊2]	
	专用付款凭证		4[＊2]	
	专用转账凭证		4[＊2]	
	凭证封面、封底、包角		1[＊1]	3. 装订证、账所用装订机、针和剪刀等由学校准备。
账页	借贷余三栏式	总账账页	17[＊10](正反用)	
		日记账账页	2[＊2]	
		明细账账页	19[＊10](正反用)	
		小 计	38[＊22]	
	数量金额式明细账账页		4[＊3](正反用)	

（续表）

项目	用品名称	用量（张、副/每人）	备注
	7栏多栏式明细账账页	10[＊6]	
	账页封面、封底	4[＊4]	
表	科目汇总表	2[＊1]	
	资产负债表	见本任务中样表	
	利润表	见本任务中样表	
	现金流量表	见本任务中样表	
	报表封面、封底	1[＊1]	
账页目录	双格口取纸（票贴）	蓝色30[＊15]红色25[＊10]	

四、实训步骤

（一）阅读资料

熟悉实训要求和步骤，该公司的基本情况，所采用的会计核算方法，具体的制度规定等信息。

（二）设置总账、日记账和明细账

严格按照会计工作规范要求，根据期初余额表在账簿中开设总账账户和日记账账户；根据期初余额表和明细资料开设明细账账户。

（三）填制和审核会计凭证

按照经济业务的发生时间顺序，填审原始凭证。对符合要求的原始凭证从本书中裁下，附在记账凭证后，据以填制记账凭证；对于空白原始凭证，如成本、税金、利润计算及分配业务，应根据业务文字表述及账簿记录，填写完整相关内容，再据以编制记账凭证；对于不符合要求的的原始凭证，不予办理。记账凭证按时间顺序编号。

（四）登记日记账和明细账

根据记账凭证逐日逐笔登记现金日记账、银行存款日记账；根据原始凭证或记账凭证，登记各种明细账。

（五）自选一种核算程序登记总账

1. 采用记账凭证核算程序。

直接根据记账凭证登记总账。

2. 采用科目汇总表核算程序。

根据本月记账凭证登记科目汇总表准备工作底稿,月末,计算各账户本期借方和贷方发生额合计,编制科目汇总表,根据科目汇总表登记总账。（科目汇总表准备工作底稿和科目汇总表均附在本资料最后）

（六）结账和对账

月末,检查本月所发生的全部经济业务是否都已经登记入账。结出每一总账账户、明细账账户、日记账账户的借、贷方发生额合计数及余额,并据其编制试算平衡表试算平衡,然后进行认真对账。对账包括账账、账证核对,如余额核对相符应作出对账、结账标记。如有问题,则应进行账项调整,改正错误。

（七）编制资产负债表、利润表和现金流量表

月末,根据总分类账、明细分类账及有关资料编制"环林市新新有限责任公司20××年1月31日的资产负债表、20××年1月"的利润表和现金流量表。

（八）银行对账

上述各项内容完成且符合规范后,将本月银行存款日记账和银行对账单上的发生额和余额相互核对,并作出对账标记,如果存在未达账项,应编制银行存款余额调节表。

（九）装订会计凭证和账簿

记账凭证按编号顺序装订成册（采用科目汇总表核算形式,应将科目汇总表作为第一张）,按册填写有关内容,并粘贴封面、封底和包角;总分类账、日记账和明细分类账分别按资产类、负债类、所有者权益类、成本类和损益类账户顺序装订成册,并加具封面和封底,按册填写有关内容。

（十）填写实训报告

实训完毕,每人根据资料和体会填写实训资料结果,实训达到的目的、重点、难点及本人意见和建议。这是教师了解学生对实训认识和掌握程度的一个重要方面。

（十一）自选附加内容：（编制记账凭证，在编号时，注明"附加××号"。）

假设当以下收入、成本、费用等项目本月发生额改变时，会引起利润及相关项目怎样变化？

（1）5日，生产领用材料改变密度板或钢管数量。（原始凭证10、11）

（2）9日，销售写字台改为密度板或钢管。（原始凭证46—47）

（3）自设条件。（假设以前某月一笔业务科目错或金额错，本月做更正错误的记账凭证等）

如增加完成上述(1)、(2)、(3)任意一项内容，均可酌情加分。

任务二
综合实训活动

一、模拟企业简介

（一）企业基本情况

企业名称：环林市新新有限责任公司

法定代表人：周听非

注册资金：48万元

企业类型：有限责任公司

纳税人登记号：××0000123456789

开户银行及账号：中国工商银行　环林市临江支行　111－222

银行预留印鉴：

地址：环林市花园路999号

联系电话：000－11223344

机构设置：该公司在册员工23人。设有生产科、质检科、财务科、行政科、供应科和销售科六个科室。生产科下设一个生产车间，供应科下设材料仓库，销售科下设成品仓库。使用密度板、钢管两种材料生产单一产品写字台。

（二）财务部门的设置及人员分工

姓名	岗位	手工账分工
贺丽	财务科长	稽核、总账、报表
周全	会计	材料、成本、销售等业务核算及填制记账凭证，报税，明细账
秦欣	出纳	填制收款、付款业务记账凭证，日记账

（三）会计期间规定

会计期间为20××年1月1日至20××年12月31日；实训业务期间为20××年1月1日至20××年1月31日。最后将本月业务视同全年，进行年终结算。

二、有关制度规定

1. 库存现金限额为 3 000 元。
2. 材料全部外购,材料按实际成本计价。
3. 库存商品按实际成本计价,发出库存商品成本按每月一次加权平均法计价。
4. 固定资产采用平均年限法计算折旧,月折旧率分别为:房屋 0.6%,设备 1.2%。
5. 企业为一般纳税人,除了特别说明业务外,增值税税率为 13%;城市维护建设税税率为 7%;教育费附加法定征收率为 3%、地方征收率为 1%,共计 4%。
6. 计算库存商品的加权平均价精确到 0.01。
7. 盈余公积年末一次计提,其比例为:法定盈余公积为 10%;任意盈余公积为 5%。
8. 应分配给投资者的利润,按股东大会决议执行。
9. 各种原始凭证中,税务、银行、铁路、其他企业部门、财务主管及经手人均已签章且符合规范。

三、成绩评定

(一) 考核、评定原则

学生的实训完成情况结合指导教师平时记录情况进行综合评定。

(二) 实训完成情况结构分值标准:总结构 100%(保留整数)

结构要求及分值项目	准确性	规范性	整洁性	独立性	实训报告	及时性	态度纪律
会计凭证	科目名称 16 数字准确 8	项目齐全,更正方法正确、书写规范 4	无刮、擦涂、画、粘、撕 4	独立完成 4	记录完整内容丰富 4	及时完成 4	认真严谨守纪 4
会计账簿	账户设置数字准确 8	项目齐全,更正方法正确、书写规范 4	无刮、擦涂、画、粘、撕 4	独立完成 4	记录完整内容丰富 4	及时完成 4	认真严谨守纪 4
会计报表	方法正确计算正确 8	项目齐全,更正方法正确、书写规范 2	无刮、擦涂、画、粘、撕 2	独立完成 2	记录完整内容丰富 2	及时完成 2	认真严谨守纪 2
合计 100%	40%	10%	10%	10%	10%	10%	10%

（三）测试

实训结束，指导教师应根据实训结果采用口试（或笔试）的方法，对学生进行现场测试，发现抄袭情况，应责令其重做，或酌情扣分。

四、期初余额和实际业务

（一）环林市新新有限责任公司20××年1月初科目余额及明细资料表

说明：账页格式中的"J"为借贷余三栏式，"D"为多栏式，"S"为数量金额式；标有"＊"号账户为只做"＊"号业务所涉及的账户，如做全部业务，"累计折旧"上年结转余额为65 900。

序号	科目代码	会计科目名称	账页格式 总分类账户	账页格式 明细分类账户	方向	期初余额
1	1001	库存现金	J	J	借	800.00
2＊	1002	银行存款＊	J		借	183 400.00
	100201	工商银行临江支行		J		
3	1122	应收账款	J		借	74 000.00
	112201	新华公司		J	借	74 000.00
	112202	红星公司		J		
4	1221	其他应收款	J		借	
	122101	王芳		J		
5	1231	坏账准备	J	J	贷	4 300.00
6＊	1401	在途物资＊	J			
	140101	密度板		S		
	140102	钢管		S		
7＊	1403	原材料＊	J		借	62 000.00
	140301	密度板		S	借	20 000.00
		数量 200张 单价 100元/张				
	140302	钢管		S	借	42 000.00
		数量 140根 单价 300元/根				
8＊	1405	库存商品＊	J		借	80 000.00
	140501	写字台		S		
		数量 160张 单价 500元/张				
9＊	1601	固定资产＊	J	J	借	517 000.00

序号	科目代码	会计科目名称	账页格式		方向	期初余额
			总分类账户	明细分类账户		
10 *	1602	累计折旧 *	J	J	贷	65 900.00
					贷	336 118.00 *
11	2001	短期借款	J		贷	120 000.00
	200101	工商银行（6.30. 9个月，年利率5%）		J	贷	100 000.00
		工商银行（7.27. 6个月，年利率4.65%）				20 000.00
12	2202	应付账款	J		贷	50 000.00
	220201	利民公司		J		
13 *	2211	应付职工薪酬 *	J	J	贷	35 558.00
14	2232	应付股利	J	J		
15 *	2221	应交税费 *	J		贷	22 724.00
	222101	应交增值税				
	2221011	进项税额				
	2221015	已交税金		D		
	2221012	销项税额				
		余额			贷	13 200.00
	222105	应交所得税		J	贷	8 072.00
	222107	应交城建税		J	贷	924.00
	222108	应交教育费附加		J	贷	528.00
16	2231	应付利息	J	J	贷	2 887.50
17 *	4001	实收资本 *	J		贷	480 000.00
	400101	××局		J	贷	456 000.00
	400102	新世纪公司		J	贷	24 000.00
18	4002	资本公积	J	J	贷	16 112.50
19	4101	盈余公积	J		贷	70 528.00
	410101	法定盈余公积		J	贷	47 000.00
	410102	任意盈余公积		J	贷	23 528.00
20 *	4103	本年利润 *	J	J		
21	4104	利润分配	J		贷	81 190.00
	410401	提取法定盈余公积		J		
	410402	提取任意盈余公积		J		
	410403	应付利润		J		
	410406	未分配利润		J	贷	81 190.00

（续表）

序号	科目代码	会计科目名称	账页格式 总分类账户	账页格式 明细分类账户	方向	期初余额
22 *	5001	生产成本 *	J		借	32 000.00
	500101	写字台		D		
		原材料 16 000 元、工资及附加 13 000 元、制造费用 3 000 元				
23 *	5101	制造费用 *	J	D		
		工资及附加 *、水电费、折旧费 *				
24 *	6001	主营业务收入 *	J			
	600101	写字台		J		
25 *	6401	主营业务成本 *	J			
	640101	写字台		J		
26 *	6403	税金及附加 *	J	J		
27	6601	销售费用	J	D		
		广告费				
28 *	6602	管理费用 *	J	D		
		办公费、工资及附加 *、水电费、折旧费 *、差旅费				
29	6603	财务费用	J	D		
		利息费				
30	6711	营业外支出	J	J		
31 *	6801	所得税费用 *	J	J		

（二）本月发生下列经济业务

　* 5 日 购入材料。（原始凭证 01—03）

　* 5 日 收到投资款项。（原始凭证 04—08）

　* 5 日 上述材料入库。（原始凭证 09）

　* 5 日 生产领用材料 。（原始凭证 10、11）

　7 日 交纳印花税。（原始凭证 12）

　7 日 收回前欠货款 。（原始凭证 13）

　8 日 提现备用。（原始凭证 14）

　8 日 出差借现金。（原始凭证 15）

　9 日 交纳水电费。（原始凭证 16—21）

　* 9 日 销售写字台。（原始凭证 22—24）

　9 日 购文具用品。（原始凭证 25、26）

　* 10 日 缴纳上月各项税金。（原始凭证 27—32）

　10 日 银行代发工资。（原始凭证 33、34）

　12 日 报销差旅费。（原始凭证 35、36）

18 日 购电脑。(原始凭证 37—39)

20 日 工会购彩灯。(原始凭证 40、41)

23 日 向灾区捐款。(原始凭证 42、43)

23 日 支付广告费。(原始凭证 44—46)

24 日 销售产品。货款未收。(原始凭证 47、48)

＊26 日 结算本月职工工资。(原始凭证 49)

27 日 归还贷款。(原始凭证 50)

27 日 预提本月短期借款利息。(原始凭证 51)

31 日 付报刊费。(原始凭证 52、53)

31 日 归还货款。(原始凭证 54)

＊31 日 计提本月固定资产折旧费。(原始凭证 55)

＊31 日 结转本月制造费用。

＊31 日 本月产品全部完工,结转完工产品成本。(原始凭证 56、57)

＊31 日 结转本月销售成本。(原始凭证 58)

＊31 日 计算本月应交税费。(原始凭证 59、60)

＊31 日 结转本月损益类账户。(原始凭证 61)

＊31 日 计算并结转应交所得税。税率为 25％。(原始凭证 62)

31 日 股东大会表决,按股权比例进行分配。(原始凭证 63)

31 日 按净利润的 10％提取法定盈余公积金,按净利润的 5％提取任意盈余公积金。(原始凭证 64)

31 日 结转本年利润。

31 日 结转利润分配明细账户。(提示:结转利润分配明细账户业务不登记总账,只登记明细账。)

（三）原始凭证

中国工商银行信汇凭证（回 单）1   01

委托日期 20×× 年 1 月 2 日　　　　No 07894533

汇款人	全　称	环林市新新有限责任公司	收款人	全　称	广元市宏达型材公司	第一联汇出行给汇款人的回单
	账号或住址	123-123		账号或住址	1003426046	
	汇出地点	×× 省环林市	汇出行名称	工行临江支行	汇入人	汇入地点 ×× 省广元市	汇入行名称	工行长安支行	

金额	人民币：（大写）陆万叁仟贰佰捌拾元整		百 十 万 千 百 十 元 角 分
		¥ 6 3 2 8 0 0 0

汇款用途：购材料　　　　　汇出行盖章

所列款项已根据委托办理，如需查询，请持此回单来面洽

单位主管　　会计　　复核　　记账　　　　　　年　月　日

××0000032130　　**×× 省增值税专用发票**　　NO 00894545   02

发 票 联　　开票日期：20×× 年 1 月 5 日

购货单位	名　称	环林市新新有限责任公司	密码区	~-186++98-9*0++*898 74-//653>*/>2>/2281 加密版本:01 55*-75+>->-474-5421 ××00032130 -0510/348*>>1200-8>/ 00894545
	纳税人识别号	××000123456789		
	地址、电话	环林市花园路999号11223344		
	开户行及账号	工行临江支行111-222		

货物或应税劳务名称	规格型号	单位	数量	单价	金 额	税率	税 额
密度板		张	200	100	20 000	13%	2 600
钢管		根	120	300	36 000	13%	4 680

价税合计（大写）	⊗ 陆万叁仟贰佰捌拾元整	（小写）¥ 63 280.00

销货单位	名　称	广元市宏达型材有限公司	备注	XXX00012312312 发票专用章
	纳税人识别号	××0000123123123		
	地址、电话	长安路80号2244333		
	开户行及账号	工行长安支行1003426046		

收款：满彩云　　复核人：季玲　　开票人：吕宁　　销货单位：（章）

××0000032130　　**××省增值税专用发票**　　NO 00894545　　03

抵 扣 联　　开票日期：20××年1月5日

<table>
<tr><td rowspan="4">购货单位</td><td>名　　称</td><td colspan="4">环林市新新有限责任公司</td><td rowspan="4">密码区</td><td colspan="3">-186++98-9*0++*898</td></tr>
<tr><td>纳税人识别号</td><td colspan="4">××000123456789</td><td colspan="3">74-//653>*/>2>/2281 加密版本：01</td></tr>
<tr><td>地址、电话</td><td colspan="4">环林市花园路999号11223344</td><td colspan="3">55*-75+>->-474-5421 ××00032130</td></tr>
<tr><td>开户行及账号</td><td colspan="4">工行临江支行111-222</td><td colspan="3">-0510/348*>>1200-8>/ 00894545</td></tr>
<tr><td>货物或应税劳务名称</td><td>规格型号</td><td>单位</td><td>数量</td><td>单价</td><td colspan="2">金额</td><td>税率</td><td>税额</td></tr>
<tr><td>密度板</td><td></td><td>张</td><td>200</td><td>100</td><td colspan="2">20 000</td><td>13%</td><td>2 600</td></tr>
<tr><td>钢管</td><td></td><td>根</td><td>120</td><td>300</td><td colspan="2">36 000</td><td>13%</td><td>4 680</td></tr>
<tr><td>价税合计（大写）</td><td colspan="5">⊗ 陆万叁仟贰佰捌拾元整</td><td colspan="2">（小写）￥63 280.00</td></tr>
<tr><td rowspan="4">销货单位</td><td>名　　称</td><td colspan="4">广元市宏达型材有限公司</td><td rowspan="4">备注</td><td colspan="2"></td></tr>
<tr><td>纳税人识别号</td><td colspan="4">××000123123123</td><td colspan="2"></td></tr>
<tr><td>地址、电话</td><td colspan="4">长安路80号2244333</td><td colspan="2"></td></tr>
<tr><td>开户行及账号</td><td colspan="4">工行长安支行1003426046</td><td colspan="2"></td></tr>
</table>

第一联 抵扣联 购货方抵扣凭证

收款：满彩云　复核人：季玲　开票人：吕宁　销货单位：（章）

（说明："抵扣联"每月汇总单独装订，以备税务部门核查）

环林市工商企业资金往来专用发票　　04

副　联　　No 0682113

客户名称：苏州新世纪有限责任公司　　支票号：178

<table>
<tr><td rowspan="2">往来项目</td><td rowspan="2">单位</td><td rowspan="2">数量</td><td rowspan="2">单价</td><td colspan="8">金　额</td><td rowspan="2">此发票适用范围</td></tr>
<tr><td>百</td><td>十</td><td>万</td><td>千</td><td>百</td><td>十</td><td>元</td><td>角</td><td>分</td></tr>
<tr><td>收到投资款</td><td></td><td></td><td></td><td></td><td></td><td>5</td><td>0</td><td>0</td><td>0</td><td>0</td><td>0</td><td>0</td><td rowspan="3">本发票由在本市的工商企业发生除销售商品、提供加工以外的资金往来时使用。</td></tr>
<tr><td></td><td></td><td></td><td></td><td></td><td></td><td></td><td></td><td></td><td></td><td></td><td></td><td></td></tr>
<tr><td></td><td></td><td></td><td></td><td></td><td></td><td></td><td></td><td></td><td></td><td></td><td></td><td></td></tr>
<tr><td colspan="4">小　　　写</td><td colspan="9">￥ 5 0 0 0 0 0 0</td></tr>
<tr><td colspan="4">大写金额</td><td colspan="10">⊗佰⊗拾伍万 零仟零佰零拾零元零角零分</td></tr>
</table>

开票单位（盖章）　　开票人：王丽　　20××年1月5日

本发票共三联：第一联 存根联、第二联 发票联、第三联 副联。

05

验 资 报 告

会验字（20×× ）第 1 号

环林市新新有限责任公司：

我们接受委托，审验了贵公司截至20××年1月5日止新增注册资本实收情况，贵公司原注册资本为人民币肆拾捌万元，根据贵公司股东会决议，申请增加注册资本人民币伍万元，由股东苏州新世纪有限责任公司于20××年1月5号之前缴足。经我们的审验，截至20××年1月5日止，贵公司已收到股东苏州新世纪有限责任公司缴纳的新增注册资本合计人民币伍万元。股东以货币出资。

变更后的累计注册资本实收金额为人民币伍拾叁万元整。

附件：一、注册资本变更情况明细表
　　　二、新增注册资本实收情况明细表
　　　三、注册资本变更前后对照表
　　　二、验资事项说明　　　略

环林市东方会计师事务所

（合伙人）注册会计师：厉明

主任会计师：王强

中国注册会计师 厉明

中国注册会计师 王强

注册资本变更前后对照表

06

公司名称：环林市新新有限责任公司　　20××年1月5日　　货币单位：人民币万元

股东名称	注册资本变更情况				注册资本实收情况				
	变更前		变更后		变更前		本次增加额	变更后	
	金额	比例	金额	比例	金额	比例		金额	比例
苏州新世纪有限责任公司	2.4	5%	7.4	13.96%	2.4	5%	5	7.4	13.96%
环林市新新有限责任公司	45.6	95%	45.6	86.04%	45.6	95%		45.6	86.04%
合 计	48		53		48		5	53	

环林市东方会计师事务所　　　　　　中国注册会计师：

中国注册会计师 厉明

注册资本实收情况明细表

07

公司名称： 环林市新新有限责任公司　　20××年1月5日　　货币单位：人民币元

| 股东名称 | 认缴注册资本 | 实 际 出 资 情 况 | | | | | 其中：认缴注册资本 |
		货币	实物	无形资产	其他	合计	
苏州新世纪有限责任公司	50 000	50 000				50 000	50 000
合 计	50 000	50 000				50 000	50 000

环林市东方会计师事务所　　　　　　　　中国注册会计师：

中国注册会计师 厉明

中国工商银行支付系统专用凭证（收账通知）　No.000012000178

08

发起行行号：008945　　　委托日期：20××年1月5日
发起行名称：中国工商银行苏州高新园区支行
付款人账号：1088000102364488290
付款人名称：苏州新世纪有限责任公司
接收行行号：063255
收款人账号：111-222
收款人名称：环林市新新有限责任公司
货币符号、金额：￥伍万元整
附言：　投资款
报文流水号：000147　　　打印日期：20××年1月5日14：00：30
普通第一次打印　　确定入账

第二联作客户通知单　　　会计：　　　复核：　　　记账：

工行环林市临江支行 20**.0105 转讫

09

环林市新新有限责任公司材料入库单　　　NO. 00112852

供货单位:广元市宏达型材公司

发票号:4545　　　　　　　　入库日期　20××年1月5日

名称	规格	单位	数量		单价	金额	运杂费	金额合计	备注
			应收	实收					
密度板		张	200	200	100	20 000		20 000	
钢管		根	120	120	300	36 000		36 000	
合　计								56 000	

记账:周全　　　　供应主管:孙志鸿　　　　仓库验收:方华　　　　经办人:刘强

第二联　财务联

10

环林市新新有限责任公司领料单　　　编号:0098

领用部门:生产　　　　　　　　20××年1月5日　　　　　　　发料仓库:2号

材料编号	品名	规格	单位	请领数量	实领数量	单价	金额
12001	密度板		张	220	220	100	22 000
用途	写字台	领料部门			发料部门		
		负责人	领料人		核准人		发料人
		蒋艳	陈丽红		王伟		方华

②财务联

11

环林市新新有限责任公司领料单　　　编号:0099

领用部门:生产　　　　　　　　20××年1月5日　　　　　　　发料仓库:2号

材料编号	品名	规格	单位	请领数量	实领数量	单价	金额
12002	钢管		根	70	70	300	21 000
用途	写字台	领料部门			发料部门		
		负责人	领料人		核准人		发料人
		蒋艳	陈丽红		王伟		方华

②财务联

工商银行（　银税　）付款通知书

12

日期 20××年1月7日　　　　　　　　　　　　　　　　　NO.3774789

机构号　账务中心　　　　　交易代码 34544589456

单位名称	环林市新新有限责任公司		
账号	111-222		
摘要	税款		
其他印花税	账簿	30.00	
其他印花税	购销合同	120.00	
		金额合计	¥150.00
金额合计（大写）	壹佰伍拾元整		

流水号 ETA3774789　　　　　　　　　经办1202468

（工商银行环林市临江支行　账务中心　20××.01.07　会计业务专用章（04））

中国工商银行信汇凭证（收款通知或取款收据）4

13

委托日期 20××年1月6日　　　　　NO. 0764882

								千	百	十	万	千	百	十	元	角	分

汇款人	全称	徐州市新华有限责任公司			收款人	全称	环林市新新有限责任公司										
	账号或住址	206 246 8233				账号或住址	111-222										
	汇出地点	××省徐州市县	汇出行名称	工行城东分行		汇入地点	××省环林市县	汇入行名称	工行临江支行								
金额	人民币：（大写）贰万元整									¥	2	0	0	0	0	0

汇款用途：还欠款　　　　　　　　　　汇出行盖章

上列款项已根据委托办理，如需查询，请持此回单来面洽

单位主管　　会计　　复核　　记账　　　　　　　　　年　月　日

（环林市市工商银行临江支行 XXX 01.07 转讫（1））

14

中国工商银行（X）
现金支票存根ⅥⅡ005426861
附加信息
出票日期　20××年1月8日
收款人：本公司
金　额：¥1 000.00
用　途：备用金
单位主管：周听非　　会计：秦欣

15

环林市新新有限责仟公司差旅费借款单

部门：行政科

借款人：王芳　　　　　　　　　　　　　　　　　　借款日期：20××年1月8日

出差事由	联系业务	出差地点	苏州							
出差人员	王芳	预计天数	叁天							
借款金额	人民币（大写）柒佰元整		十	万	千	百	十	元	角	分
					¥	7	0	0	0	0

借款须知	1. 借领公款不得私用。 2. 出差返回后须按规定期限向财务部门报销结算。 3. 报销与交回余款，必须同时结清。	主管批准 同意 钱北奇1.8	借款人盖章签收 王芳1.8 现金付讫	付款方式 现金 秦欣

16

××0000021130　　　**××省增值税专用发票**　　　NO.000759754

发　票　联

开票日期：20××年1月9日

购货单位	名　　称	环林市新新有限责任公司	密码区	-186++98-9*0++*898 74-//653>*/>2>/2281　加密版本:01 55*-75+>->-474-5421　××00021130 -0510/348*>>1200-8>/　000759754		第二联　发票联　购货方记账凭证
	纳税人识别号	××000123456789				
	地址、电话	环林市花园路999号 11223344				
	开户行及账号	工行临江支行111-222				

货物或应税劳务名称	规格型号	单位	数量	单价	金　额	税率	税　额
电力		度	1780	0.948719	1 688.72	13%	219.53

价税合计（大写）	⊗ 壹仟玖佰零捌元贰角伍分	（小写）¥ 1 908.25	

销货单位	名　　称	环林市供电局		备注	
	纳税人识别号	××000578955696	转讫		XX0000578955696 发票专用章
	地址、电话	长宁路120号 ×1234567			
	开户行及账号	工行长宁支行123—123			

收款：王宏　　　复核人：杨柳青　　　开票人：沈小梅　　　销货单位：（章）

××0302100130 　**××省增值税专用发票**　 NO.030209965

17

发票联

开票日期：20××年1月9日

第二联 发票联 购货方记账凭证

购货单位	名　称	环林市新新有限责任公司		密码区	-186++98-9*0+*898			
	纳税人识别号	××000123456789			74-//653>*/>2>/2281 加密版本:01			
	地址、电话	环林市花园路999号 11223344			55*-75+>->-474-5421 ××00021130			
	开户行及账号	工行临江支行111-222			-0510/348*>>1200-8>/ 000759754			

货物或应税劳务名称	规格型号	单位	数量	单价	金额	税率	税额
非居民生活用水		吨	290	2.5	725.00	不考虑	不考虑

价税合计（大写）	⊗ 柒佰贰拾伍元整	（小写）¥ 725.00	

销货单位	名　称	环林市自来水公司	备注	
	纳税人识别号	××000369258147		
	地址、电话	环林市青松路155号 ×1231231	转讫	XX0000369258147 发票专用章
	开户行及账号	工行青松支行1082130106000I986		

收款：李平　　复核人：季燕　　开票人：吴昕梅　　销货单位：（章）

说明：目前自来水公司开给企业的水费专用发票上的增值税税率是 3‰。本实训只做了解，暂不考虑此笔水费的增值税税款和税额抵扣相关问题。

18

××0000021130 　**××省增值税专用发票**　 NO.000759754

抵扣联

开票日期：20××年1月9日

第一联 抵扣联 购货方抵扣凭证

购货单位	名　称	环林市新新有限责任公司		密码区	-186++98-9*0+*898			
	纳税人识别号	××000123456789			74-//653>*/>2>/2281 加密版本:01			
	地址、电话	环林市花园路999号 11223344			55*-75+>->-474-5421 ××00021130			
	开户行及账号	临江支行111-222			-0510/348*>>1200-8>/ 000759754			

货物或应税劳务名称	规格型号	单位	数量	单价	金额	税率	税额
电力		度	1780	0.948719	1688.72	13%	219.53

价税合计（大写）	⊗ 壹仟玖佰零捌元贰角伍分	（小写）¥ 1 908.25	

销货单位	名　称	环林市供电局	备注	
	纳税人识别号	××000578955696		
	地址、电话	长宁路120号 ×1234567	转讫	XX0000578955696 发票专用章
	开户行及账号	工行长宁支行123—123		

收款：王宏　　复核人：杨柳青　　开票人：沈小梅　　销货单位：（章）

环林市新新公司各部门耗电耗水情况统计表

19

20××年1月9日

部门	耗电量	单价	金额	耗水量	单价	金额	合计	备注
生产部门	1 000	0.948 719	948.72	203	2.5	507.50	1 456.22	
管理部门	780	0.948 719	740.00	87	2.5	217.50	957.50	
合　计	1 780	0.948 719	1 688.72	290	2.5	725.00	2 413.72	

审核：贺丽　　　　　　　　　　制表：周全

委邮　　**委托收款凭证（付款通知）**　　　5　　第0803099号　　20

委托日期：20××年1月9日　　付款期限：20××年1月20日

付款人	全　称	环林市新新有限责任公司	收款人	全　称	环林市供电局
	账　号	111-222		账　号	123—123
	开户银行	工行临江支行　行号 143		开户银行	工行长宁支行　行号 22

委托金额　人民币：（大写）壹仟玖佰零捌元贰角伍分　　千百十万千百十元角分　¥1 9 0 8 2 5

款项内容　电费　　委托收款凭据名称　转讫　　电费结算　　附属单据张数　1张

备注：　付款人注意：
1、应于见票当日通知开户银行划款。
2、如需拒付，应在规定期限内，将拒付理由书并附债务证明退交开户银行。

单位主管　会计　复核　记账　　付款人开户行盖章　年　月　日

委邮　　**委托收款凭证（付款通知）**　　第0806211号　　21

委托日期：20××年1月9日　　付款期限：20××年1月20日

付款人	全　称	环林市新新有限责任公司	收款人	全　称	环林市自来水公司
	账　号	111-222		账　号	23 42 15 64 61 31 23
	开户银行	工行临江支行　行号 143		开户银行	委行城南支行　45

委托金额　人民币：（大写）柒佰贰拾伍元整　　千百十万千百十元角分　¥7 2 5 0 0

款项内容　水费　　委托收款凭据名称　转讫　　水费结算　　附属单据张数　1张

备注：　付款人注意：
1、根据结算方法，上列委托收款，如在付款期限内未拒付时，即视同意付款，以此联代付款通知。
2、如须提前付款或多付款时，应另写书面通知送银行办理。
3、如系全部或部分拒付，应在付款期限内另填拒付理由书送银行办理。

单位主管　会计　复核　记账　　付款人开户行盖章　年　月　日

中国工商银行信汇凭证（收款通知或取款收据）4

委托日期 20××年 1月8日　　　NO. 0824680　　　22

汇款人	全　称	永安市安达科技有限公司		收款人	全　称	环林市新新有限责任公司		
	账号或住址	3042522689			账号或住址	111-222		
	汇出地点	××省永安市县	汇出行名称 工行和平支行		汇入地点	××省环林市县	汇入行名称 工行临江支行	

金额 人民币：（大写）捌万壹仟叁佰陆拾元整

千	百	十	万	千	百	十	元	角	分
		¥	8	1	3	6	0	0	0

汇款用途：销售写字台

工商银行环林市临江支行 xx.01.09

上列款项已根据委托办理，如需查询，请持此回单来面洽
上列款项无误（1）
汇入行盖章　年 月 日　　收款人盖章　年 月 日

留行待取预留 收款人印鉴
科目（借）_____
对方科目(贷)_____
汇入行解汇日期　年 月 日
复核　记账　出纳

第四联 给收款人的收账通知或代取款收据

23

××0000031130　　**××省增值税专用发票**　　NO.00243657

记 账 联

开票日期：20××年1月9日

购货单位	名　称	永安市安达科技有限公司	密码区	>-186++98-9*0++*898
	纳税人识别号	3600039　87654　321		74-//653>*/>2>/2281 加密版本:01
	地址、电话	庐南大街368号654321		55*-75+>->-474-5421 ××00031130
	开户行及账号	工行和平支行3042522689		-0510/348*>>1200-8>/　00243657

货物或应税劳务名称	规格型号	单位	数量	单价	金 额	税率	税 额
写字台		张	90	800.00	72 000.00	13%	9 360.00

价税合计（大写）	⊗ 捌万壹仟叁佰陆拾元整	（小写）¥ 81 360.00	

销货单位	名　称	环林市新新有限责任公司	备注	转讫
	纳税人识别号	××0000123456789		
	地址、电话	环林市花园路999号11223344		
	开户行及账号	工行临江支行111-222		

收款：秦欣　　复核人：贺丽　　开票人：周全　　销货单位：（章）

第三联 记账联 销货方记账凭证

环林市新新有限责任公司产品出库单

24

物资类别：　　　　　　　　20××年1月9日　　　　　　编号：NO0059224

提货单位或领货部门	永安市安达科技有限公司	发票号码或生产单号	243657	发出仓库	1	出库日期	1.9
编号	名称及规格	单位	要数	实发	单价	金额	备注
	写字台	张	90	90	800	72 000	
	合　计					72 000	

数量列头：要数 / 实发

第二联 销售通知联

会计：周全　　保管：周密　　发货：金喜　　制表：张进

××1001800103　　**××省增值税普通发票**　　NO.14989220

25

发票联

开票日期：20××年1月08日

购货单位	名　称	环林市新新有限责任公司	密码区	186+*98-9*0++*898
	纳税人识别号	××000123456789		74-//653>*/>2>/2281 加密版本：01
	地址、电话	环林市花园路999号11223344		55*-75+>->-474-5421 00021130
	开户行及账号	工行临江支行111-222		-0510/348*>>1200-8>/ 000759754

货物或应税劳务名称	规格型号	单位	数量	单价	金额	税率	税额
文件夹	02-C	个	50	12.00	600.00	免税	***
打印纸	115E	包	10	20.00	200.00	免税	***

价税合计（大写）　⊗捌佰元整　　（小写）¥800.00

销货单位	名　称	环林市新百商贸集团有限公司	备注	
	纳税人识别号	××000123456789		XX0000123456789 发票专用章
	地址、电话	华中路112号、56658998		
	开户行及账号	工行城中支行011-004567878		

第二联 发票联 购货方记账凭证

收款：刘俊　　复核人：魏新　　开票人：李华　　销货单位：（章）

26

中国工商银行（X）

转账支票存根ⅥⅡ0083992209

附加信息_____

出票日期　20××年1月8日

收款人：环林市新百商贸集团有限责任公司

金　额：¥800.00

用　途：购文具

单位主管：周听非　会计：秦欣

工商银行（　银税　）付款通知书　　　27

日期　20××0110　　　　　　　　　　　　　　　NO.894756

机构号　账务中心　　　　　交易代码3454

单位名称	环林市新新有限责任公司		
账号	111-222		
摘要　税款	一般增值税　12.1- 12.31　13 200.00		
	金额合计	¥13 200.00	
金额合计（大写）	壹万叁仟贰佰元整		

流水号　EAXB894756　　　　　　经办2021222

工商银行（　银税　）付款通知书　　　28

日期　20××0110　　　　　　　　　　　　　　　NO.10598466

机构号　账务中心　　　　　交易代码9456

单位名称	环林市新新有限责任公司		
账号	111-222		
摘要　税款	企业所得税　10.1-12.31　8 072.00		
	金额合计	¥8 072.00	
金额合计（大写）	捌仟零柒拾贰元整		

流水号　EAXB10598466　　　　　经办2021222

工商银行（　银税　）付款通知书　　　29

日期　20××0110　　　　　　　　　　　　　　　NO.6587879

机构号　账务中心　　　　　交易代码2563

单位名称	环林市新新有限责任公司		
账号	111-222		
摘要			
税款　　城建税	12.1-12.31	924.00	
教育费附加	12.1-12.31	528.00	
	金额合计	¥1 452.00	
金额合计（大写）	壹仟肆佰伍拾贰元整		

流水号　EAXB6587879　　　　　　经办2021222

增 值 税 纳 税 申 报 表

税款所属时间：20××年12月1日至 20××年12月31日 填表日期：20××年1月10日

纳税人识别号：××00002345789   金额单位：元（列至角分）

纳税人名称		山市新新有限责任公司	法人代表	周听雅	营业地址	环林市花园路999号	
开户行及账号		城市临江支行111-222	经济类型	有限责任公司	电话号码	11223344	
项　目			栏　次	一般货物及劳务		即征即退货物及劳务	
				本月数	本年累计	本月数	本年累计
销售额	一按适用税率征收货物销售额		1				
	应税货物销售额		2	176 538.46			
	应税劳务销售额		3				
	纳税检查调整的销售额		4				
税款计算	销项税额		8	22 950			
	进项税额		9	9 750			
	上期留抵税额		10				
	本期查补税额抵减上期留抵税额		11				
	留抵税额净额		12=10-11				
	进项税额转出		13				
	应抵扣税额合计		15=9+12+13	9 750			
	实际抵扣税额		16	9 750			
	应纳税额合计		18=8-16	13 200			
税额缴纳	期初未缴税额		19				
	本期补申报应纳税额		20				
	本期已缴税额		21				
	期末未缴税额		22	13 200			
	本期应补（退）税额		23				
授权声明	如果你已委托代理人声报，请填写下列资料： 为代理一切税务事宜，现授权 （地址）　　　　　　　为本纳税人的代理 申报人，任何与本申报表有关的往来文件，都可寄予此人。 授权人签字：				申报人声明	此纳税申报表是根据《中华人民共和国增值税暂行条例》填报的。我确信它是真实的、可靠的、完整的。 声明人签字：周全	

以下由税务机关填写：

收到日期：20××年1月 10日　　　　　接收人：吴迪　　主管税务机关盖章：

城建税、教育费附加申报表

税款所属时间：20×× 年 12 月1日至 20×× 年12 月31日 填表日期：20××年1月 10日

纳税人识别号：××000123456789　　　　　　　金额单位：元（列至角分）

纳税人名称	环林市新新有限责任公司			法人代表	周听非		营业地址	环林市花园路999号	
开户行及账号	工行临江支行111-222			经济类型	有限责任公司		电话号码	11223344	
项目 税种	计 税 依 据				适用 税率	应纳税额	上期欠税额	期 末 欠税额	结算应征（退）税额
	营业税	增值税	消费税	合计					
城建税		13 200		13 200	7%	924		924	924
教育费附加		13 200		13 200	3%	396		396	396
地方教育附加		13 200		13 200	1%	132		132	132
合　　计						1 452		1 452	1 452

纳税人声明	代理人声明
本纳税申报表是按照国家税法和税务机关有关规定填报的。我确信是真实的、合法的。如有虚假，愿负法律责任。以上税款请从 111-222 账号划拨。 　　　　　　法定代表人（业主）签名：周听非 　　　　　　经办人签字：周全 　　　　　　主管会计签字：贺丽　（章）20××年1月 10日	本纳税申报表是按照国家税法和税务机关有关规定填报的。我确信是真实的、合法的。如有虚假，愿负法律责任。 　　法定代表人签名： 　　代理人签名： 　　　　（章）　年　月　日
受理申报日期：　　　20××年1月 10日	录入日期：　　　年　月　日
受理人：　郝欣	录入人：

企业所得税预缴纳税申报表

32

税款所属日期：　20×× 年 12 月1日至 20×× 年 12 月31日

纳税人识别号：××00000123456789　金额单位：元（列至角分）

纳税人名称	环林市新新有限责任公司		
项　　　　目	行次	本期累计数
利润总额	1	360 288
加：纳税调整增加额	2	—
减：纳税调整减少额	3	—
减：弥补以前年度亏损	4	—
应纳税所得额（5=1+2-3-4）	5	360 288
适用税率	6	25%
应纳所得税额（7=5 × 6）	7	90 072
减：减免所得税额	8	—
减：抵免所得税额	9	—
减：本年累计实际已预缴的所得税额	10	82 000
应补（退）的所得税额〔11=7-8-9-10〕	11	8 072

纳税单位公章： 经办人：　周全 申报日期：　××年1月10日	代理申报中介机构公章： 经办人执业证件号码： 代理申报日期：　年　月　日	主管税务机关受理专用章： 受理人：刘平 受理日期：××年1月10日

中国工商银行特种转账借方传票

33

20××年1月10日　　　　　　NO. 008986543

付款单位	全称	环林市新新有限责任公司	收款单位	全称	环林市新新有限责任公司
	银行账号	111-222		银行账号	163
	开户银行	市工商银行临江支行		开户银行	市工商银行临江支行

金额	贰万玖仟伍佰元整	十	万	千	百	十	元	角	分
人民币（大写）			¥ 2	9	5	0	0	0	0

转账原因　　20××年1月职工工资。
银行盖章　　　　　　　银行盖章

环林市市工商银行
临江支行
××.01.10
转讫
(3)

会计：　　　　复核：　　　　记账：　　　　制票：

环林市新新有限责任公司职工工资明细表

34

20××年1月10日

姓名	标准工资	加班工资	生产奖金	应发工资	代扣款 略	实发工资
周听非	1 180	200	250	1 630		1 630
钱北奇	1 050	180	200	1 430		1 430
贺丽	1 050	150	200	1 400		1 400
略	……	……	……	……	……	……
合计	25 856	1 232	2 412	29 500		29 500

审核：贺丽　　　　　　制表：周全

环林市新新有限责任公司内部缴款收据

35

20××年1月11日　　　　NO. 0546687

今　收　到　王芳

交　来　预借差旅费退还款

人民币（大写）　伍拾元整　　　　¥ 50.00

收款单位盖章　现金收讫　　收款人：秦欣　　缴款人：王芳

环林市新新有限责任公司差旅费报销单（代转账凭证）

20××年1月11日　　　附单据凭证6张

36

部门	行政科		出差人姓名		王芳		事由		开会	
起止时间地址				车船票		在途补贴		住宿费	住勤补贴	其他
月日	起程	月日	到达	人天	金额	人天	金额	人天 金额	人天 金额	金额
1.9	环林	1.9	苏州		80			300	100	90
1.11	苏州	1.11	环林		80					
小　　计：¥ 650.00					160			300	100	90

付讫

原借支700.00　核销650.00　退补50.00　　共计人民币（大写）：陆佰伍拾元整

财会主管：贺丽　记账：周全　出纳：秦欣　部门主管：钱北奇　报销人：王芳

××0000030130　　**××省增值税专用发票**　　NO.008986543　　37

抵　扣　联　　开票日期：20××年1月17日

第一联 抵扣联 购货方抵扣凭证

购货单位	名　　称	环林市新新有限责任公司			密码区	186++98-9*0++*898		
	纳税人识别号	××000123456789				74-//653>*/>2>/2281 加密版本:01		
	地址、电话	环林市花园路999号11223344				55*-75+>->-474-5421 00021130		
	开户行及账号	工行临江支行111-222				-0510/348*>>1200-8>/　000759754		

货物或应税劳务名称	规格型号	单位	数量	单价	金　额	税率	税　额
联想电脑	JN-1	台	6	8 500.00	51 000.00	13%	6 630.00
联想打印机	HN-1	台	1	2 125.00	2 125.00	13%	276.25
价税合计（大写）	⊗ 陆万零叁拾壹元贰角伍分					（小写）¥60 031.25	

销货单位	名　　称	中洋电脑有限责任公司	XX0000321654987	备注
	纳税人识别号	××000321654987		
	地址、电话	青年路7号、23662555	发票专用章	
	开户行及账号	工行城中支行011-0044688		

收款：方明明　复核：杨柳青　开票人：万成　销货单位：（章）

××0000030130　　**××省增值税专用发票**　　NO.008986543　　38

发　票　联　　开票日期：20××年1月17日

第二联 发票联 购货方记账凭证

购货单位	名　　称	环林市新新有限责任公司			密码区	186++98-9*0++*898		
	纳税人识别号	××000123456789				74-//653>*/>2>/2281 加密版本:01		
	地址、电话	环林市花园路999号11223344				55*-75+>->-474-5421 00021130		
	开户行及账号	工行临江支行111-222				-0510/348*>>1200-8>/　000759754		

货物或应税劳务名称	规格型号	单位	数量	单价	金　额	税率	税　额
联想电脑	JN-1	台	6	8 500.00	51 000.00	13%	6 630.00
联想打印机	HN-1	台	1	2 125.00	2 125.00	13%	276.25
价税合计（大写）	⊗ 陆万零叁拾壹元贰角伍分					（小写）¥60 031.25	

销货单位	名　　称	中洋电脑有限责任公司	XX0000321654987	备注
	纳税人识别号	××000321654987		
	地址、电话	青年路7号、23662555	发票专用章	
	开户行及账号	工行城中支行011-0044688		

收款：方明明　复核：杨柳青　开票人：万成　销货单位：（章）

固定资产移交使用验收单

日期:20××年1月17日　　　　　　　　　　　　编号:00245

39

编号	名称	单位	数量	价格	预计使用年限	使用部门	备注
6001	JN-1联想电脑	台	6	57 630.00		生产车间	
6002	HN-1联想打印机	台	1	2 401.25		生产车间	
	合计			60 031.25			

单位主管:赵伟　　　　财会主管:贺丽　　　　验收人:蒋艳　　　　交接人:王芳

××1001800103　　　**××省增值税普通发票**　　　NO.14989300

40

发 票 联　　　　　开票日期:20××年1月20日

购货单位	名　　称	环林市新新有限责任公司		186++98-9*0++*898		
	纳税人识别号	××000123456789	密码区	74-//653>*/>2>/2281 加密版本:01		
	地址、电话	环林市花园路999号11223344		55*-75+>->-474-5421 00021130		
	开户行及账号	工行临江支行111-222		-0510/348*>>1200-8>/　000759754		

货物或应税劳务名称	规格型号	单位	数量	单价	金额	税率	税额
闪亮彩球	12HC	个	10	18.90	189.00	免税	***

价税合计（大写）	⊗壹佰捌拾玖元整	（小写）¥189.00

销货单位	名　　称	环林市新百商贸集团有限公司		备注	
	纳税人识别号	××000123456789		XX0000123456789	
	地址、电话	华中路112号、56658998		发票专用章	
	开户行及账号	工行城中支行011-004567878			

收款:刘俊　　　　复核人:魏新　　　　开票人:李华　　　　销货单位:（章）

第二联 发票联 购货方记账凭证

环林市新新有限责任公司费用报销审批单

41

报销部门:工会　　20××年1月20日　　单据及附件共　1　页

用　　途	金　　额	备注领导审批	
联欢购彩球10个	189元	**现金付讫**	
		同意报销	
		周听非	
		1.20	
合　　计	189元		

| 金额（大写）: | 壹佰捌拾玖元整 | 原借款: | | 应退余款: | |

会计主管　贺丽　　　出纳　春欣　　　报销人:林青

42

中国福利基金会捐款收据

监制章

国财 2001012　　　　20××年 1 月 23 日　　　　NO. 0006425

捐 赠 者 DONOR：环林市新新有限责任公司	中国福利基金会 ××0006712081405 收据专用章
捐款金额 TOTAL：叁仟元整	￥3 000 00
捐款项目 DONATION： 支援灾区 币种 CURRENCY： 人民币	

谨代表受助灾民感谢您的慷慨捐赠　　　　经手人：史淑平
捐赠号 DONATION　NO.333　　　　电话：000-6660333
环林市诚信大街 158 号　　　　传真：000-6660333

43

中国工商银行（X）

转账支票存根ⅥⅡ0083992211

附加信息＿＿＿＿＿＿＿＿

出票日期　20××年 1月23日

收款人：中国福利基金会

金　额：￥3 000.00

用　途：支援灾区

单位主管：周昕非　会计：秦欣

44

××0502300170　　　**××省增值税专用发票**　　NO.00897564

发 票 联　开票日期：20××年1月23日

购货单位	名　称	环林市新新有限责任公司	密码区	186++98-9*0+*898
	纳税人识别号	××000123456789		74-//653>*/>2>/2281 加密版本:01
	地址、电话	环林市花园路999号 11223344		55*-75+>->-474-5421 ××00021130
	开户行及账号	工行临江支行111-222		-0510/348*>>1200-8>/ 000759754

货物或应税劳务名称	规格型号	单位	数量	单价	金额	税率	税额
广告费					2 000.00	不考虑	不考虑

| 价税合计（大写）　⊗ 贰仟元整　　（小写）￥2 000.00 | |

销货单位	名　称	环林市天翼广告有限公司	转讫	备注	环林市天翼广告有限公司 XX0000555666123 发票专用章
	纳税人识别号	××000555666123			
	地址、电话	环林市花园北路1号 ×7788569			
	开户行及账号	工行花园北路支行1232130106000175 2			

收款：方平　复核人：李晓燕　开票人：岳鑫　销货单位：（章）

说明：目前广告公司开给企业的广告费专用发票上的增值税税率是 6%。本实训只做了解，暂不考虑此笔广告费的增值税税款和税额抵扣相关问题。

45

中国工商银行（X）

转账支票存根 Ⅵ Ⅱ 0083992212

附加信息＿＿＿＿＿＿＿＿＿＿＿＿＿＿＿＿＿

＿＿＿＿＿＿＿＿＿＿＿＿＿＿＿＿＿＿＿＿＿

出票日期 ２０××年１月２３日

收款人：环林市阳光广告公司

金　额：￥2 000.00

用　途：广告费

单位主管：周听非　会计：秦欣

46

环林市新新有限责任公司费用报销审批单

报销部门：销售科　　　20××年1月23日　　　单据及附件共 1 页

用　途	金　额	备注		
广告费	2 000	领导审批	同意报销 周听非 转讫 1.23	
合　计	2 000.00			

金额（大写）：贰仟元整　　　原借款：　　　应退余款：

会计主管：贺丽　　　出纳：秦欣　　　报销人：吴荻

××0000031130　　**××省增值税专用发票**　　NO.00064253　　47

记　账　联　开票日期：20××年1月24日

购货单位	名　　称	上海红星有限责任公司		密码区	>-186++98-9*0++*898 74-//653>*/>2>/2281　加密版本：01 55*-75+>->-474-5421　××00031130 -0510/348*>>1200-8>/　00064253			
	纳税人识别号	3100043　21321　321						
	地址、电话	城隍街290号215852						
	开户行及账号	支行沪西办205--2245						
货物或应税劳务名称	规格型号	单位	数量	单价	金　额	税率	税　额	
写字台		张	60	800	48 000	13%	6 240	
价税合计（大写）	⊗伍万肆仟贰佰肆拾元整			（小写）￥54 240				
销货单位	名　　称	环林市新新有限责任公司		备注	转讫			
	纳税人识别号	×××0000123456789						
	地址、电话	环林市花园路999号11223344						
	开户行及账号	工行临江支行111-222						

收款：秦欣　　复核人：贺丽　　开票人：周全　　销货单位：（章）

第三联　记账联　销货方记账凭证

环林市新新有限责任公司产品出库单　48

物资类别：　　　　　20××年1月24日　　　　编号：NO.0059225

提货单位或领货部门	上海红星有限责任公司		发票号码或生产单号	64253	发出仓库		出库日期	
编号	名称及规格	单位	要数	实发	单价		金额	备注
	写字台	张	60	60	800		48 000	
合　计							48 000	

会计：周全　　保管：周密　　发货：金喜　　制表：张进

第二联　销售通知联

环林市新新有限责任公司职工工资分配表　49
20××年1月26日

部门	人数	标准工资	加班工资	生产奖金	应发工资	代扣款		实发工资	经领人
						养老保险	略		
生产部门	10	10 234.12	982.00	1 276.00	12 492.12	……	……	12 492.12	陈丽红
车间管理	6	6 897.00	72.00	840.00	7 809.00			7 809.00	吴荻
行政部门	7	7 724.88	178.00	296.00	8 198.88			8 198.88	王芳
合　计	23	24 856.00	1 232.00	2 412.00	28 500.00			28 500.00	

审核：贺丽　　　　　制表：周全

中国工商银行贷款本息归还凭证

50

№. 7428560

网点：0332　　　　　　20××年1月27日　　　　　　币种：人民币

贷款账号	13000456	借款编号	00223		起息日	去年7月27日
单位名称	环林市新新有限责任公司					
结算账号	111-222	还款期数		利率	4.65	本金余额
本　金	20 000.00	利　息	465.00		复　利	
还款总额	贰万零肆佰陆拾伍元整					

上述款项已从贵客户相应的结算账户扣收，敬请核对转讫

环林市市工商银行
临江支行
XX.01.27
(1)

会计：　　　　　　复核：　　　　　　　　　　经办员：

环林市新新有限责任公司短期借款利息计提表

51

20××年1月31日

借款项目	借款日期	金额	年利率	应提利息	备注
流动资金	去年6月30日	100 000.00	5%		
合　计					

审核：　　　　　　　　　制表：

52

××1001500120			××省增值税普通发票			NO.000222			

发票联

开票日期：20××年1月31日

购货单位	名　称	环林市新新有限责任公司				186++98-9*0++*898			
	纳税人识别号	××000123456789			密码区	74-//653>*/>2>/2281 加密版本:01			
	地址、电话	环林市花园路999号 11223344				55*-75+>->-474-5421 00021130			
	开户行及账号	工行临江支行111-222				-0510/348*>>1200-8>/　000759754			

货物或应税劳务名称	规格型号	单位	数量	单价	金额	税率	税额
市场周刊		份	3	100.00	300.00	免税	***
新观察		份	2	100.00	200.00	免税	***

价税合计（大写）	⊗伍佰元整		（小写）¥500.00

销货单位	名　称	环林市邮政公司	备注	发票专用章
	纳税人识别号	××000011123456		XX0000111123456
	地址、电话	中华路1号、23561426		
	开户行及账号	工行城南支行013-004567666		

收款：刘俊　　复核：魏新　　开票人：李华　　销货单位：（章）

第二联 发票联 购货方记账凭证

53

中国工商银行（X）

转账支票存根Ⅵ Ⅱ 0083992213

附加信息_____

_____

出票日期　20××年 1 月 31 日

收款人：本公司

金　额：¥500.00

用　途：订报刊

单位主管：周听非　会计：秦欣

54

中国工商银行电汇凭证（回单）

委托日期　20××年1月31日　　　（04）No.05263147

汇款人	全　称	环林市新新有限责任公司			收款人	全　称	启新市利民科技有限责任公司		
	账号或住址	111-222				账号或住址	3380866		
	汇出地点	××省环林市县	汇出行名称	工行临江支行		汇入地点	××省启新市县	汇入行名称	农行启新分行城东支行

金额	人民币：叁万元整（大写）		千	百	十	万	千	百	十	元	角	分
						¥	3	0	0	0	0	0

汇款用途：货款	汇出行盖章
上列款项已根据委托办理，如需查询，请持此回单来面洽	
单位主管　会计　复核　记账	年　月　日

第一联 汇出行给汇款人的回单

环林市新新有限责任公司固定资产折旧计算表

20××年1月31日

55

固定资产类别	月折旧率	生产部门		行政部门		合计
		原值	月折旧额	原值	月折旧额	
房屋	0.60%	300 000		84 000		
设备	1.20%	100 000		33 000		
合计						

审核: 制表:

环林市新新有限责任公司库存商品入库单

20××年1月31日

56

部门	品名	单位	单位成本	投产数量	入库数量	备注
生产	写字台	张		190	190	
合计						

生产科:孙海 检验:黄娜 仓库:林石彬 经办:李健

环林市新新有限责任公司完工产品成本计算表

产品:写字台 年 月 日 单位:元

57

项目	数量	直接材料	直接人工	制造费用	总成本
月初在产品成本					
本月发生额					
合计					
分配率					
本月完工产品成本					
月末在产品成本					

会计主管: 制表:

环林市新新有限责任公司产品销售成本计算表

58

年　　月　　日

单位:元

品名	上月库存		本月入库		合　计			本月减少		月末库存	
								销售			
	数量	金额	数量	金额	数量	金额	平均价	数量	金额	数量	金额
合计											

会计主管:　　　　　　　　　　　　　　　　　　　制表:

应交增值税计算表

59

税款所属时间 20××年　　月　　日至20××年　　月　　日

单位:元

项　目				销售额		税　额	
				本月数	本年累计	本月数	本年累计
销项	按适用税率征收货物及劳务		1=2+3				
	应税货物	货物名称	税率(%)	2			
	应税劳务		3				
	按简易征收办法征收货物		4				
	免税货物		5				
	出口货物免税销售额		6				
进项	项　目			本月数		本年累计	
	本期进项税额发生额		7				
	进项税额转出		8				
	期初存货征税款期末余额		9				
	应纳税额		10				

城建税、教育费附加计算表

60

税款所属时间　年　月　日至　年　月　日　　　　　单位:元

纳税项目	计税依据金额	适用税率	应纳税费	备注
城市维护建设税				
教育费附加				
应纳税费合计				

财务主管:　　　　　　　　　　制表:

损益类账户结转计算表

61

年　月　日

账　户	结转前借方余额	结转前贷方余额
合计		

会计主管:　　　　　　　　　　制表:

企业所得税计算表 62

年 月 日 单位:元

项 目	行次	本期金额	累计金额
一、营业收入	1		
减:营业成本	2		
税金及附加	3		
销售费用	4		
管理费用	5		
财务费用	6		
加:投资收益(损失以"—"号填列)	7		
二、营业利润(亏损以"—"号填列)	8		
加:营业外收入	9		
减:营业外支出	10		
三、利润总额(亏损总额以"—"号填列)	11		
加:纳税调整增加额	12		
减:纳税调整减少额	13		
减:弥补以前年度亏损	14		
四、应纳税所得额(15=11+12—13—14)	15		
适用税率	16		
五、应纳所得税额(16=15×16)	17		

财务主管: 制表:

股东大会决议 63

　　经股东大会讨论通过利润分配方案,按本年税后利润的10%提取法定盈余公积,按5%提取任意盈余公积。并对全体股东分配利润伍万元整。

环林市新新有限责任公司董事会
20××年 12月 31日

全体董事签名:×××　　×××
×××　　×××
×××　　×××

提取盈余公积金计算表

64

年 月 日

单位:元

计 提 依 据		提取率(%)	应提金额	备 注
项 目	金 额			

复核: 制表:

五、银行对账资料

中国工商银行存款对账单

网点号:0280

20××年1月31日

币种:人民币   单位:元

账号:111-222 户名:环林市新新有限责任公司 上页余额:183 400.00

日期	凭证种类	凭证号	摘要	借方发生额	贷方发生额	余 额	网点号	柜员号
1.5	004	4533	货款	63 280.00		120 120.00	0280	2956
1.5	电汇	0178	投资		50 000.00	170 120.00	0280	2956
1.7	税	4789	印花	150.00		169 970.00	0280	2956
1.7	信汇	4882	货款		20 000.00	189 970.00	0280	5533
1.8	001	6861	提现	1 000.00		188 970.00	0280	5533
1.9	005	3099	电费	1 908.25		187 061.75	0280	5233
1.9	005	6211	水费	725.00		186 336.75	0280	2954
1.9	信汇	4680	货款		81 360.00	267 696.75	0280	2956
1.10	002	2209	文具	800.00		266 896.75	0280	2965
1.10	税	4756	增值	13 200.00		253 696.75	0280	2588
1.10	税	8466	所得	8 072.00		245 624.75	0280	2589
1.10	税	7879	城教	1 452.00		244 172.75	0280	2588
1.10	特转	6543	工资	29 500.00		214 672.75	0280	2566
1.23	002	2211	捐款	3 000.00		211 672.75	0280	2566
1.23	002	2212	广告	2 000.00		209 672.75	0280	2566
1.27	000	8560	还贷	20 465.00		189 207.75	0280	2600
1.31	000	9864	货款		2 574.00	191 781.75	0280	2600

本页余额:191 781.75

银行存款余额调节表

开户银行： 账号 20××年 日止

项目	入账日期凭证号	金额	项目	入账日期凭证号	金额
银行存款日记账余额 加： 减：			银行对账单余额 加： 减：		
调节后余额			调节后余额		

财会主管： 复核： 制表：

六、科目汇总表准备工作底稿

借	贷	借	贷	借	贷	借	贷

借	贷	借	贷	借	贷	借	贷

借	贷	借贷		借	贷借		贷

借	贷		借	贷		借	贷		借	贷

借	贷		借	贷		借	贷		借	贷

借	贷		借	贷		借	贷		借	贷

借	贷		借	贷		借	贷		借	贷

七、试算平衡表

总分类账户发生额及余额试算平衡表

年　月　日

单位:元

账户名称	期初余额		本期发生额		期末余额	
	借方	贷方	借方	贷方	借方	贷方
合　计						

八、会计报表

资产负债表

简表

编制单位：_____年_____月_____日　　　　　　　　　　　　　单位：元

资　产	期末余额	年初余额	负债和所有者权益（或股东权益）	期末余额	年初余额
流动资产：			流动负债：		
货币资金			短期借款		
交易性金融资产			交易性金融负债		
应收票据			应付票据		
应收账款			应付账款		
预付款项			预收款项		
应收利息			应付职工薪酬		
应收股利			应交税费		
其他应收款			应付利息		
存货			应付股利		
一年内到期的非流动资产			其他应付款		
其他流动资产			其他流动负债		
流动资产合计			流动负债合计		
非流动资产：			非流动负债：		
可供出售金融资产			长期借款		
持有至到期投资			其他非流动负债		
固定资产			非流动负债合计		
在建工程			负债合计		
工程物资			所有者权益（或股东权益）：		
固定资产清理			实收资本（或股本）		
长期待摊费用			资本公积		
递延所得税资产			盈余公积		
其他非流动资产			未分配利润		
非流动资产合计			所有者权益（或股东权益）合计		
资产总计			负债和所有者权益（或股东权益）总计		

利 润 表

简表

_____年_____月

编制单位：

单位：元

项　　目	本期金额	本年累计金额
一、营业收入		
减：营业成本		
税金及附加		
销售费用		
管理费用		
财务费用		
加：投资收益（损失以"－"号填列）		
二、营业利润（亏损以"－"号填列）		
加：营业外收入		
减：营业外支出		
三、利润总额（亏损总额以"－"号填列）		
减：所得税费用		
四、净利润（净亏损以"－"号填列）		

现金流量表

简表

编制单位：　　　　　　　　　　　　　年　　　　月　　　　　　　　　　　　单位:元

项　　目	本期金额	上期金额
一、经营活动产生的现金流量：		（本栏略）
销售商品、提供劳务收到的现金		
收到的其他与经营活动有关的现金		
经营活动现金流入小计		
购买商品、接受劳务支付的现金		
支付给职工以及为职工支付的现金		
支付的各项税费		
支付的其他与经营活动有关的现金		
经营活动现金流出小计		
经营活动产生的现金流量净额		
二、投资活动产生的现金流量：		
收回投资所收到的现金		
取得投资收益所收到的现金		
处置固定资产、无形资产和其他长期资产所收回的现金净额		
收到的其他与投资活动有关的现金		
投资活动现金流入小计		
购建固定资产、无形资产和其他长期资产所支付的现金		
投资所支付的现金		
支付的其他与投资活动有关的现金		
投资活动现金流出小计		
投资活动产生的现金流量净额		
三、筹资活动产生的现金流量：		
吸收投资所收到的现金		
取得借款所收到的现金		
收到的其他与筹资活动有关的现金		
筹资活动现金流入小计		
偿还债务所支付的现金		
分配股利、利润和偿付利息所支付的现金		
支付的其他与筹资活动有关的现金		
筹资活动现金流出小计		
筹资活动产生的现金流量净额		
四、汇率变动对现金的影响		
五、现金及现金等价物净增加额		
加:期初现金及现金等价物余额		
六、期末现金及现金等价物余额		

综合实训报告

课程名称：　　　　实训地点：　　　　日期：　年　月　日至　月　日
专　业：　　　　　教学班：　　　　　姓名：

实训目的	
实训资料	凭证：　　共　　张　自　　号至　　号 账簿：1. 总分类账：共　　个账户 共　　张 　　　2. 明细分类账（包括日记账）：① 三栏式：　　个　　张 　　　　　　　　　　　　　　　　② 多栏式：　　个　　张 　　　　　　　　　　　　　　　　③ 数量金额式：　　个　　张 报表：1.　　　　　　2.　　　　　　3.
实训程序	
实训小结	
个人评议	成绩：　　　　　　　　　　　　　　　　　　　年　月　日
小组评议	成绩：　　　　　小组成员：　　　　　　　　　　年　月　日

指导教师评语：

成绩评定：　　　　　　　指导教师：

　　　　　　　　　　　　　　　　　　　　　　　年　月　日

综合实训参考答案

一、业务会计分录

业务序号	日期	摘要	分录	备注
1	*5 日	购入材料。信汇 4533#。密度板 200 张,钢管 120 根。抵扣联另订备查。	借:在途物资—密度板　　　　20 000.00 　　在途物资—钢管　　　　　36 000.00 　　应交税费—应交增值税(进)　7 280.00 贷:银行存款—工行临江支行　63 280.00	
2	*5 日	收到投资款项。专 0178#	借:银行存款—工行临江支行　50 000.00 贷:实收资本—新世纪公司　　50 000.00	
3	*5 日	上述材料入库。密度板 200 张,钢管 120 根。	借:原材料—密度板　　　　　20 000.00 　　原材料—钢管　　　　　　36 000.00 贷:在途物资—密度板　　　　20 000.00 　　　　　　—钢管　　　　　36 000.00	
4	*5 日	生产领用密度板 220 张、钢管 70 根。	借:生产成本—写字台　　　　43 000.00 贷:原材料—密度板　　　　　22 000.00 　　原材料—钢管　　　　　　21 000.00	
5	7 日	购印花税票。银税 4789#	借:税金及附加　　　　　　　　　150.00 贷:银行存款—工行临江支行　　　150.00	
6	7 日	收回新华公司前欠货款,存入银行。信汇 4882#	借:银行存款—工行临江支行　20 000.00 贷:应收账款—新华公司　　　20 000.00	
7	8 日	提现备用。现支 6861#	借:库存现金　　　　　　　　　1 000.00 贷:银行存款—工行临江支行　1 000.00	
8	8 日	王芳因公出差借现金。	借:其他应收款—王芳　　　　　　700.00 贷:库存现金　　　　　　　　　　700.00	
9	9 日	缴纳电费。委邮 3099# 抵扣联另订备查。	借:制造费用—水电费　　　　　948.72 　　管理费用—水电费　　　　　740.00 　　应交税费—应交增值税(进)　219.53 贷:银行存款—工行临江支行　1 908.25	
10	9 日	缴纳水费。委邮 6211# 水费统计表见本月 9#凭证	借:制造费用—水电费　　　　　507.50 　　管理费用—水电费　　　　　217.50 贷:银行存款—工行临江支行　　725.00	
11	*9 日	销售写字台。信汇 4680#。90 张。	借:银行存款—工行临江支行　81 360.00 贷:主营业务收入—写字台　　72 000.00 　　应交税费—应交增值税(销)　9 360.00	
12	9 日	购办公用品。转支 2209#	借:管理费用—办公费　　　　　　800.00 贷:银行存款—工行临江支行　　800.00	

（续表）

业务序号	日期	摘要	分录	备注
13	*10日	缴纳上月增值税税金。银税4756♯	借:应交税费—应交增值税(已) 13 200.00 贷:银行存款—工行临江支行 13 200.00	
14	*10日	缴纳所得税税金。银税8466♯	借:应交税费—应交所得税 8 072.00 贷:银行存款—工行临江支行 8 072.00	
15	*10日	缴纳城建税、教育费附加。银税7879♯	借:应交税费—应交城建税 924.00 应交税费—应交教育费附加 528.00 贷:银行存款—工行临江支行 1 452.00	
16	10日	银行代发工资。传票6543♯	借:应付职工薪酬 29 500.00 贷:银行存款—工行临江支行 29 500.00	
17	11日	王芳报销差旅费。	借:管理费用—差旅费 650.00 库存现金 50.00 贷:其他应收款—王芳 700.00	
18	18日	从中洋公司购电脑、打印机。	借:固定资产 53 125.00 应交税费—应交增值税(进) 6 906.25 贷:应付账款—中洋电脑公司 60 031.25	
19	20日	工会购彩灯。	借:应付职工薪酬—工会经费 189.00 贷:库存现金 189.00	
20	23日	向灾区捐款。转支2211♯	借:营业外支出 3 000.00 贷:银行存款—工行临江支行 3 000.00	
21	23日	支付广告费。转支2212♯	借:销售费用—广告费 2 000.00 贷:银行存款—工行临江支行 2 000.00	
22	24日	销售写字台。未收红星款。60张	借:应收账款—红星公司 54 240.00 贷:主营业务收入—写字台 48 000.00 应交税费—应交增值税(销) 6 240.00	
23	*26日	结算本月职工工资。	借:生产成本—写字台 12 492.12 制造费用—工资及附加 7 809.00 管理费用—工资及附加 8 198.88 贷:应付职工薪酬 28 500.00	
24	27日	归还贷款。凭证8560♯	借:短期借款 20 000.00 财务费用 利息 77.50 应付利息—利息 387.50 贷:银行存款—工行临江支行 20 465.00	
25	27日	计算本月短期借款利息。	借:财务费用—利息 416.67 贷:应付利息 416.67	
26	31日	支付订阅报刊费。转支2213♯	借:管理费用—办公费 500.00 贷:银行存款—工行临江支行 500.00	
27	31日	付前欠利民货款信汇3147♯	借:应付账款—利民公司 30 000.00 贷:银行存款—工行临江支行 30 000.00	

（续表）

业务序号	日期	摘要	分录	备注
28	＊31日	计提本月固定资产折旧费。	借：制造费用—折旧费　3 000.00 　　管理费用—折旧费　900.00 贷：累计折旧　3 900.00	
29	＊31日	结转本月制造费用。	借：生产成本—写字台　12 265.22 贷：制造费用　12 265.22	（＊10809）
30	＊31日	结转完工写字台成本。190件。	借：库存商品—写字台　99 757.34 贷：生产成本—写字台　99 757.34	（＊98301.12）
31	＊31日	结转本月销售写字台成本。150件。	借：主营业务成本　77 038.50 贷：库存商品—写字台　77 038.50	（＊45848.7）
32	＊31日	计算本月应交城、教税费。	借：税金及附加　131.37 贷：应交税费—应交城建税　83.60 　　应交税费—应交教育费附加　47.77	（＊228.80）
33	＊31日	结转本月损益收入类账户。	借：主营业务收入　120 000.00 贷：本年利润　120 000.00	（＊72000）
34	＊31日	结转本月损益费用类账户。 附件见本月33♯凭证	借：本年利润　94 820.42 贷：主营业务成本　77 038.50 　　税金及附加　281.37 　　营业外支出　3 000.00 　　销售费用　2 000.00 　　管理费用　12 006.38 　　财务费用　494.17	（＊55 176.38）
35	＊31日	计算应交所得税。	借：所得税费用　6 294.90 贷：应交税费—应交所得税　6 294.90	计提依据:利润总额 25 179.58 ＊利润总额:16 823.62 （4 205.91）
36	＊31日	结转所得税。	借：本年利润　6 294.90 贷：所得税费用　6 294.90	＊净利润:12 617.71
37	31日	股东大会决议，按股权比例进行分配。	借：利润分配—应付利润　50 000.00 贷：应付股利　50 000.00	
38	31日	提取法定、任意盈余公积金。	借：利润分配—提取法定盈余公积　1 888.47 　　利润分配—提取任意盈余公积　944.23 贷：盈余公积—法定盈余公积　1 888.47 　　盈余公积—任意盈余公积　944.23	计提依据:净利润 18 884.68
39	31日	结转本年利润。	借：本年利润　18 884.68 贷：利润分配—未分配利润　18 884.68	
40	31日	结转利润分配明细账户。	借：利润分配—未分配利润　52 832.70 贷：利润分配—提取法定盈余公积　1 888.47 　　利润分配—提取任意盈余公积　944.23 　　利润分配—应付利润　50 000.00	只记明细账

二、总账 T 形账户

在途物资

① 56 000	③ 56 000
本期发生额:56 000	本期发生额:56 000
期末余额:0	

原材料

期初余额:62 000	④ 43 000
③ 56 000	
本期发生额:56 000	本期发生额:43 000
期末余额:75 000	

实收资本

	期初余额:480 000
	② 50 000
	本期发生额:50 000
	期末余额:530 000

应交税费

① 7 280	期初余额:22 724
⑨ 219.53	⑪ 9 360
⑬ 13 200	㉒ 6 240
⑭ 8 072	㉜ 131.37
⑮ 1 452	㉟ 6 294.90
⑱ 6 906.25	
本期发生额:37 129.78	本期发生额:22 026.27
	期末余额:7 620.49

银行存款

期初余额:183 400	① 63 280
② 50 000	⑤ 150
⑥ 20 000	⑦ 1 000
⑪ 81 360	⑨ 1 908.25
	⑩ 725
	⑫ 800
	⑬ 13 200
	⑭ 8 072
	⑮ 1 452
	⑯ 29 500
	⑳ 3 000
	㉑ 2 000
	㉔ 20 465
	㉖ 500
	㉗ 30 000
本期发生额:151 360	本期发生额:176 052.25
期末余额:158 707.75	

管理费用

⑨ 740	㉞12 006.38
⑩ 217.50	
⑫ 800	
⑰ 650	
㉓ 8 198.88	
㉖ 500	
㉘ 900	
本期发生额:12 006.38	本期发生额:12 006.38
期末余额:0	

固定资产

期初余额:517 000	
⑱ 53 125	
本期发生额:53 125	
期末余额:570 125	

应收账款

期初余额:74 000	⑥ 20 000
㉒ 54 240	
本期发生额:54 240	本期发生额:20 000
期末余额:108 240	

生产成本	
期初余额：32 000	㉛ 99 757.34
④ 43 000	
㉓ 12 492.12	
㉙ 12 265.22	
本期发生额：67 757.34 期末余额：0	本期发生额：99 757.34

制造费用	
⑨ 948.72	㉙ 12 265.22
⑩ 507.50	
㉓ 7 809	
㉘ 3 000	
本期发生额：12 265.22 期末余额：0	本期发生额：12 265.22

库存现金	
期初余额：800	⑧ 700
⑦ 1 000	⑲ 189
⑰ 50	
本期发生额：1 050 期末余额：961	本期发生额：889

主营业务收入	
㉝ 120 000	⑪ 72 000
	㉒ 48 000
本期发生额：120 000	本期发生额：120 000 期末余额：0

应付账款	
㉗ 30 000	期初余额：50 000
	⑱ 60 031.25
本期发生额：30 000	本期发生额：60 031.25 期末余额：80 031.25

其他应收款	
⑧ 700	⑰ 700
本期发生额：700	本期发生额：700 期末余额：0

应付职工薪酬	
⑯ 29 500	期初余额：35 558
⑲ 189	㉓ 28 500
本期发生额：29 689	本期发生额：28 500 期末余额：34 369

营业外支出	
⑳ 3 000	㉞ 3 000
本期发生额：3 000 期末余额：0	本期发生额：3 000

销售费用	
㉑ 2 000	㉞ 2 000
本期发生额：2 000 期末余额：0	本期发生额：2 000

短期借款	
㉔ 20 000	期初余额：120 000
本期发生额：20 000	本期发生额：— 期末余额：100 000

坏账准备	
	期初余额：4 300
	本期发生额：— 期末余额：4 300

资本公积	
	期初余额：16 112.50
	本期发生额：— 期末余额：16 112.50

财务费用	
㉔ 77.50	㉞ 494.17
㉕ 416.67	
本期发生额：494.17 期末余额：0	本期发生额：494.17

所得税费用	
㉟ 6 294.90	㊱ 6 294.90
本期发生额：6 294.90 期末余额：0	本期发生额：6 294.90

利润分配

㊲ 50 000	期初余额:81 190
㊳ 2 832.70	㊴ 18 884.68
本期发生额:52 832.70	本期发生额:18 884.68
	期末余额:47 241.98

盈余公积

	期初余额:70 528
	㊳ 2 832.70
	本期发生额:2 832.70
	期末余额:73 360.70

应付股利

	㊲ 50 000
	本期发生额:50 000
	期末余额:50 000

应付利息

㉔ 387.50	期初余额:2 887.50
	㉕ 416.67
本期发生额:387.50	本期发生额:416.67
	期末余额:2 916.67

累计折旧

	期初余额:65 900
	㉘ 3 900
	本期发生额:3 900
	期末余额:69 800

库存商品

期初余额:80 000	㉛ 77 038.5
㉚ 99 757.34	
本期发生额:99 757.34	本期发生额:77 038.5
期末余额:102 718.84	

主营业务成本

㉛ 77 038.50	㉞ 77 038.50
本期发生额:77 038.50	本期发生额:77 038.50
期末余额:0	

税金及附加

⑤ 150	㉞ 281.37
㉜ 131.37	
本期发生额:281.37	本期发生额:281.37
期末余额:0	

本年利润

㉞ 94 820.42	㉝ 120 000
㊱ 6 294.90	
㊴ 18 884.68	
本期发生额:120 000	本期发生额:120 000
	期末余额:0

三、试算平衡表

期初期末余额试算平衡表

会计科目	期初余额		期末余额	
	借方	贷方	借方	贷方
库存现金	800		961	
银行存款	183 400		158 707.75	
应收账款	74 000		108 240	
坏账准备		4 300		4 300

（续表）

会计科目	期初余额		期末余额	
	借方	贷方	借方	贷方
原材料	62 000		75 000	
库存商品	80 000		102 718.84	
生产成本	32 000			
固定资产	517 000		570 125	
累计折旧		65 900		69 800
短期借款		120 000		100 000
应付账款		50 000		80 031.25
应付职工薪酬		35 558		34 369
应交税费		22 724		7 620.49
应付股利				50 000
应付利息		2 887.50		2 916.67
实收资本		480 000		530 000
资本公积		16 112.50		16 112.50
盈余公积		70 528		73 360.70
利润分配		81 190		47 241.98
合　计	949 200	949 200	1015 752.59	1015 752.59

四、"＊"业务试算平衡表

＊发生额余额试算平衡表

会计科目	期初余额		本期发生额		期末余额	
	借方	贷方	借方	贷方	借方	贷方
银行存款	183 400		131 360	86 004	228 756	
原材料	62 000		56 000	43 000	75 000	
库存商品	80 000		98 301.12	45 848.70	132 452.42	
生产成本	32 000		66 301.12	98 301.12	0	
固定资产	517 000				517 000	
累计折旧		336 118		3 900		340 018
应付职工薪酬		35 558		28 500		64 058
应交税费		22 724	30 004	13 794.71		6 514.71
实收资本		480 000		50 000		530 000
本年利润			59 382.29	72 000		12 617.71
合　计	874 400	874 400	441 348.53	441 348.53	953 208.42	953 208.42

五、报表

资产负债表期末余额：

资产总计＝负债和所有者权益（或股东权益）总计＝941 652.59（元）

利润表本期金额：

利润总额＝25 179.58（元）

净利润＝18 884.68（元）

现金流量表本期金额：

期末现金及现金等价物余额＝159 668.75（元）

参考文献

1. 中华人民共和国财政部. 会计基础工作规范培训教材[M]. 北京:经济科学出版社,2002
2. 中华人民共和国财政部. 企业会计准则[M]. 北京:经济科学出版社,2017
3. 中华人民共和国财政部. 小企业会计准则[M]. 北京:经济科学出版社,2013
4. 罗程,罗楠. 实用初级会计学[M]. 北京:科学技术文献出版社,2007
5. 江景. 基础会计教程[M]. 2 版,上海:立信会计出版社,2008
6. 程准中. 会计职业基础[M]. 北京:高等教育出版社,2011
7. 佟贺. 基础会计模拟实验教程[M]. 北京:北京交通大学出版社,2011
8. 蒋漱清. 会计基础知识与应用[M]. 北京:北京交通大学出版社,2010
9. 李占国,杨德利. 基础会计学综合模拟实训[M]. 北京:高等教育出版社,2016
10. 李海波,蒋瑛. 基础会计实训[M]. 上海:立信会计出版社,2010